JN046208

型と手順で攻略する
合格のための小論文教室
——添削実例付——

皆藤俊司／編著

はしがき

大学入試を考えるとき、今や小論文を抜きにして語ることはできません。総合型選抜であれ、学校推薦型選抜であれ、あるいは国公立大の二次試験であれ、小論文が大きなウエートを占めているからです。ところが受験生の多くは、「小論文はすぐには力がつかない」とか、あるいは逆に「小論文なら日本語だからなんとかなる」と軽んじて、きちんと勉強をしようとしません。

小論文は決して易しいものではありませんが、やみくもに恐れる必要もありません。小論文とは何かを知り、手順を踏んで勉強すれば必ず力はつきます。本書では、「小論文には型がある」という考え方のもとに、具体的な問題をセオリーを通して攻略する、最も効果的な小論文の学習法をまとめています。

①「入門編」での作文と小論文の違いから始まり、「基礎編」で小論文のまとめ方の「型」を身につけ、「実戦編」では入試頻出のテーマに即した問題を出題意図の分析から意見の提示の仕方、理由付けの方法、結論のまとめ方まで、「手順」を追って自然と身につくよう工夫しています。取り上げた問題数は基礎編・実戦編合わせて二三問あります。入試突破の小論文力をつけるのに十分な量です。

②各問題ごとに、「高校生の答案から」を付しました。決して模範答案レベルのものばかりではありませんが、それだけに実際の高校生の書いた答案には良い点も悪い点もあり、その添削例と講評はみなさんの参考となる点が多いはずです。

大学入試はあなたの夢をかなえるための第一歩です。本書で小論文攻略の「型」を自分のものとして、自信をもって小論文入試に臨まれることを期待します。

著者しるす

もくじ

いざ、解答用紙に向かったら

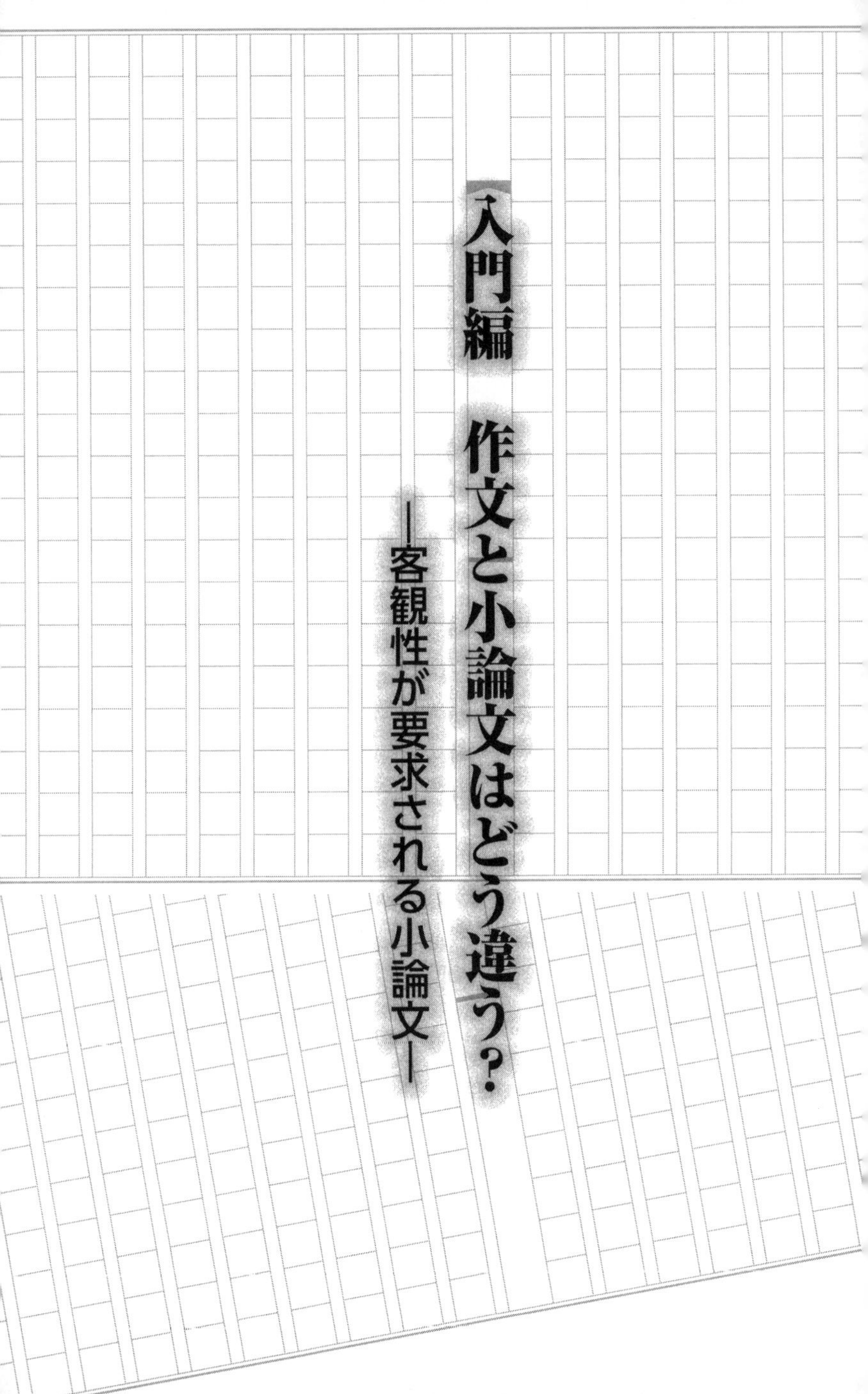

入門編　作文と小論文はどう違う？

―客観性が要求される小論文―

一　小論文て何？

大学入試に小論文が課されることがごく普通のことになって既に半世紀近くがたとうとしています。今や学校推薦型選抜や総合型選抜のみならず、国公立大学の二次試験でも小論文のみという大学が珍しくありません。ところが、多くの高校生が大学進学を考えたとき、入試に小論文が課されることに戸惑っています。「小論文て何なの？」「作文と小論文はどこが違うの？」「論文と小論文の違いは？」と疑問を投げかけます。そして結局は「日本語だから何とかなるだろう」と根拠のない自信に、十分な対策も取らずに入試に臨むことになります。そしてその結果は、……言うまでもありません。

「思う」ことと「考える」こと

作文と小論文の違いを理解することはとても大切なのですが、多くの受験生がその違いを知らないままに試験に臨んでいるというのが実情です。入試で作文を課す大学もありますが、小論文を課すという大学のほうが圧倒的に多いのです。小論文を課すという大学の試験で作文型の答案を書いていては高い評価は得られません。つまり、合格できないのです。では、作文と小論文の違いは何なのでしょう。

まず、作文と小論文の定義を見てみましょう。

・**作文**＝自分の経験を中心に、思ったことや感じたことを書いて、読み手の共感を得ようとする文章。

・**小論文**＝自分の考えたことを書いて、なぜそう言えるのかを説明して、読み手を説得するための文章。

ここで注目すべきは、「思ったことや感じたことを書く」のが作文で、「考えたことを書く」のが小論文というところです。何だか分かったような、分からないような説明ですね。そもそも「思う」ことと「考える」ことは、意味するものが異なるのでしょうか。

私たちは普段、「思う」と「考える」の使い分けをあまり意識していません。次の文を見てみましょう。

a　お母さんのことを**思う**。

b　お母さんのことを**考える**。

aとbの二つの文はどこか違いがあるようにも感じますが、その差異はよくわかりませんね。実は、「思う」と「考える」はともに「思考する」意味の動詞ですが、その思考するニュアンスが違うのです。「思う」は主観的・心情的な思考を表しますし、「考える」の場合は客観的・論理的な思考を表します。ですから、例文aの「お母さんのことを思う」と言う場合は、お母さんを感情的に恋しく思ったり心配したりすることを表します。心の中に自然と湧きあがる、自分の意思ではコントロールできないような思考です。

一方、例文bの「お母さんのことを考える」と言う場合は、お母さんの性格や置かれている状況などについて分析的に思いを巡らすことを表します。それは「思う」とは異なり、自分の意思でコントロールできる思考です。この違いをしっかりと確認しておきましょう。

「作文」と「小論文」の違い

思ったことを書くのが作文、考えたことを書くのが小論文

・**思う** ＝主観的・心情的な表現 ⇩ 自分の意思ではコントロールできない。（⇩作文）

・**考える** ＝客観的・論理的な表現 ⇩ 自分の意思でコントロールできる。（⇩小論文）

問題を解決しようとする知的判断「考える」

では、次の例文の場合はどうでしょうか。

ｃ お母さんに何をプレゼントするか**思う**。

ｄ お母さんに何をプレゼントするか**考える**。

一読して例文ｃはおかしいと感じる人が多いことでしょう。「思う」は心情的に判断することを意味しますから、「プレゼント品を選ぶ」という知的判断の表現の場合には用いられません。このことは「パズルを考える」「数学の問題を考える」とは言いますが、「パズルを思う」「数学の問題を思う」とは言わないところからも分かると思います。

例文ｄは、お母さんに何をプレゼントしたら良いかという「問題」を解こうとする知的判断なので

「考える」が使われているのです。

ここで、もう一つ確認しておきましょう。「考えたこと」を書く文章、すなわち小論文は、問題として提示されていることについての「答え」が求められているのだということです。その問題は設問文に明確に示されている場合が多いのですが、時には与えられた資料から自分で見つけ出して書かなければならないケースもあります。いずれにしても小論文の場合には、そこに必ず問題があり、それをどう解決すべきかという答えを出す知的判断が要求されているのです。その意味でも、制約のない作文とは異なるのです。

「主観」と「客観」の違い

「思う」と「考える」の使い分けのポイントは、「主観」と「客観」の違いにあります。つまり、先に示した作文・小論文の定義で、「思ったことを書くのが作文、考えたことを書くのが小論文」とあるのは、主観的に綴（つづ）るのが「作文」であり、客観的に綴るのが「小論文」であることを表しているということなのです。

このことはとても大切なことなのですが、実は、多くの高校生が客観的に「小論文」を書くべきところで「作文」型の主観的な文章を書いています。それでは、いくら六〇〇字、八〇〇字の答案のマス目を埋めても、合格の答案にたどり着くことはできません。

客観的に綴るということ

主観的 ⇩ 書き手がそう思っていること。
客観的 ⇩ 誰が考えてもそうであること。

小論文は客観的に綴るべきものと分かりました。でも客観的に綴るってどういうことなのか思い悩む人もいるかもしれませんね。その疑問を常に胸に抱きながら、まずは小論文への第一歩として、主観的表現、すなわち作文的表現を避けることを心掛けるようにしましょう。

①**「好き」「嫌い」「頑張る」「美しい」「思う」など、個人の感情を表す表現や感覚的表現を用いない。**
②**体言止め、倒置法などの強調表現を用いない。**
③**「……ではなかろうか。」などの婉曲表現を用いない。**

感情を表す表現、つまり①に挙げたような言葉こそ主観的な表現ですから、客観性を重視する小論文では用いないようにします。②と③は修辞法のことです。②の「体言止め」とは、「私の好きな広島カープ。」のように、名詞、あるいは連体形で文を終止し、その言葉を強調する表現法です。「倒置法」も強調表現の一つです。「私は広島カープが好きだ。」と言うところを、「私は好きだ、広島カープが。」と上下を逆にして表現する方法です。こういう強調表現も小論文では用いません。

③の婉曲表現は「……である。」とストレートに言うべきところを、「……ではなかろうか。」のように、柔らかく表現する高度な文章テクニックです。しかし、これも小論文では避けるべき表現なのです。

以上の①②③を注意するだけでも、あなたの書く文章はずいぶんと客観的になっているはずです。その上で、「事実」をもとにして記述することを心がけましょう。「事実」とは客観的な事柄、すなわち誰が検証しても同じ結果になるような事柄のことを言います。小論文では信頼のおける事実や統計データを活用することで、客観性のある記述内容となるのです。

なお、客観的に論理性が要求される小論文の文体は「常体（だ・である調）」で綴ることが基本です。「敬体（です・ます調）」では情緒的に流れやすいからなのです。女性の場合は「です・ます調」で書く方が多いようですから気をつけましょう。

「論文」と「小論文」

多くの人が抱く疑問の一つ、「論文」と「小論文」の違いにも触れておきましょう。

小論文は「小」とありますから論文の簡略版と考える人もあるでしょう。そう考えるのもあながち間違いではありません。論理的思考で成り立つ文章だという意味では論文も小論文も同じです。しかし、例えば大学での研究論文や卒業論文などは執筆の分量に制限のないものも多く、執筆の時間も一年、あるいは数年もかけてまとめるなど、長い時間がかけられます。

これに対し、小論文の場合は一般的には四〇〇字～八〇〇字程度、多くても三〇〇〇字程度という制限のあるものです。しかも小論文の場合の多くは試験場で初めて課題が示され、限られた時間内（多くは六〇分～九〇分）でまとめなくてはなりません。内容も、詳細なデータをもとに記述を進めていくというよりもむしろ、短い文章の中で論の組み立ての整合性を問われるものとなります。端的に言えば、『小論文』とは、大学入試や入社試験の際に課される試験のこと」と限定的に考えても差し支えないでしょう。

二　小論文の出題形式

小論文の出題形式は、大別すると「テーマ型」「課題文型」「資料型」の三つに分類されます。

サマリー

小論文の出題形式

①「テーマ型」小論文＝テーマのみを示すもの

「〇〇についてあなたの考えを述べなさい」という形式。

与えられたテーマに関して自分の知識や考えを的確に示すことが求められる。制約がないようにみえるが発想力が必要。

②「課題文型」小論文＝資料として一定のまとまった文章を示すもの

「次の文章を読み、○○についてあなたの考えを述べなさい」という形式。最もよく出題される形式で、文章の読解力も求められる。要約問題が設定されることも少なくない。

③「資料型」小論文＝資料として統計やグラフ・図・写真等を示すもの

「次の資料を参考にして、○○についてあなたの考えを述べなさい」という形式。与えられた資料を分析し、それに対する考えを論理的にまとめる力が必要。図や写真の場合は、それを言語化する力も求められる。

①「テーマ型」小論文＝テーマのみを示すもの

テーマ型小論文は、端的に「○○についてあなたの考えを述べなさい」という設問文のみの出題パターンになります。しかし、大学入試の場合は、単純に「○○」というテーマのみが与えられるというケースはほとんど見られません。設問文の中にテーマに関わる社会背景や問題点を示し、それを踏まえてあなたの考えを述べさせるものが主流となっています。参考となる文章やデータなどのヒントとなるものはありませんから、示された設問文からどのようなことが求められているのかを考えなくてはなりません。解答に際しては、そのテーマに関して自分の知識や考えを的確に示すことが求められます。

このテーマ型小論文は単純なパターンの小論文問題であるだけに、一見制約がないように見えますが、その分発想力が要求される出題形式と言えます。

〈「テーマ型」小論文のまとめ方〉

1　設問の主旨を正確に読み取る。

2　設問から思い浮かぶことをできるだけ多くメモする。

3　2のメモの中から具体例の挙げやすい項目を選ぶ。

4　3で挙げた具体例を根拠として自分の意見を考える。

5　小論文攻略の型に合わせて主張をまとめる。（小論文攻略の型については17〜24ページ参照）

「テーマ型」小論文の出題例

問題　あなたにとって「大学で学ぶこと」の意味について、内容を適切に表す題をつけて論述せよ。（八〇〇字）

（杏林大学・総合政策）

②「課題文型」小論文 ＝資料として一定のまとまった文章を示すもの

課題文型の小論文は、出題テーマに関連した文章が参考として提示される出題パターンで、近年の大学入試では最も多い出題形式です。入試小論文の場合は、原則として自分の持つ知識以外は参考文献や資料を参照することはできません。その意味では、課題文は受験生にとって大切な参考資料ですし、考察する内容の方向を決定づける指針とも言えます。また、それこそが出題者、つまり大学側の出題意図なのですが、残念なことにしばしば課題文を無視した（課題文の内容に触れていない）答案が見受けられます。課題文無視の答案では合格への評価を得ることは到底期待できません。

課題文型小論文では、まず課題文の内容を正しく読み取ることが大切です。読み取りが難しい文章の場合は、段落ごとに内容をつかんでいくようにします。その上で、筆者の主張部分を簡略にまとめて引用するようにします。

また、設問として要約問題が課されるケースも少なくありません。要約問題の際は、課題文内の具体例や引用されている部分を思い切ってカットしてしまい、筆者の主張部分を残すようにしてまとめましょう。

〈「**課題文型**」**小論文のまとめ方**〉

1　設問の主旨を正確に読み取る。
2　課題文を読み、その要点をつかむ（要約）。
3　課題文を踏まえ、自分の意見（賛成・反対）を明確にする。
4　意見の裏付けとなる具体例を考える。
5　小論文攻略の型に合わせて主張をまとめる。

「課題文型」小論文の出題例

新聞に掲載された文章が資料として提示され、それを踏まえて問題に答える。

問題一 要約（二〇〇字）

問題二 あなたが知っている高齢者の生活に関しての安全対策を紹介し、その目的・活動内容、期待できる効果などについて論述せよ。（六〇〇字）

（高崎健康福祉大学・健康福祉）

③「資料型」小論文＝資料として統計やグラフ・図・写真等を示すもの

資料型の小論文は、グラフや図、写真などの資料が提示され、それをもとに自分の意見をまとめるという出題形式です。前項②の課題文型小論文の場合の「課題文」が「資料」に代わったものと言うことができるでしょう。

資料型小論文では、データを読み取る力が問われています。解答に際しては、与えられた資料はすべて活用することが鉄則です。グラフの場合は、細かいところは無視してもかまいません。最大値・最小値・平均値、他と比べて差が見られるところ、数値・割合が大きく変化しているところなど、違いの大きなところに着目してデータから考えられる要因を導き、それをもとに自分はどう考えるのかをまとめていきます。

図や写真などが資料の場合は、ビジュアル的に提示されたものをいかに言葉を用いて説明していくかがポイントとなります。言語化した後のまとめ方は課題文型と同様と考えてよいでしょう。

〈「資料型」小論文のまとめ方〉

1　設問の主旨を正確に読み取る。
2　データごとのポイントを押さえる。
3　2で読み取ったデータの内容を踏まえ、自分の意見を明確にする。
4　小論文攻略の型に合わせて主張をまとめる。

「資料型」小論文の出題例

問題文に付された「全国保育士セミナー」の講演資料をもとに問題に答える。

問題　表を参考に、諸外国とわが国を比較し、合計特殊出生率に影響を及ぼす要因について述べよ。（八〇〇字）

（東洋大学・ライフデザイン）

三　小論文のまとめ方――二つのパターン

小論文を作成するにはいくつものまとめ方が可能です。文章のまとめ方としてみなさんがすぐ頭に浮かべるのは「起承転結」と言われる構成法でしょう。小学生の頃から「作文を書く際には『起承転結』を意識して構成を考えるように」と言われてきた人も多いはずです。文章を書くのが好き、得意だという人で、今まで「起承転結」のパターンでまとめてきたという方なら、小論文でもそのまま「起承転結」

の構成法を続けていってもよいでしょう。しかし、もしあなたが文章をまとめるのにまだ自信がないという方なら、「起承転結」という言葉を忘れましょう。なぜかって？　それは難しいからです。

サマリー

小論文の構成法

① **「起承転結」…四句からなる漢詩の構成法**

起…江戸で評判紅屋（べにや）の娘

承…姉は十六妹は十四

転…諸国の大名弓矢で殺す

結…紅屋の娘は眼で殺す

② **「三段構成（序論⇩本論⇩結論）」…書きやすく読みやすいまとめ方**

a **意見提示型答案**＝自分の意見を中心にまとめる形式　**【意見⇩理由⇩意見の確認】**

b **問題解決型答案**＝指示された問題を解決する方向でまとめる形式　**【現状⇩原因⇩解決策提示】**

① 「起承転結」…四句からなる漢詩の構成法

「起承転結」とは、四句からなる漢詩の絶句における構成法です。

起＝話のスタートとして、ものごとの背景や事前情報を示します。
「**江戸で評判紅屋の娘**」⇩江戸の街で大評判だという、大店（おおだな）・紅屋の美人姉妹の登場です。

承＝「起」を受けて本題への導入部分。
「**姉は十六妹は十四**」⇩十六歳と十四歳。姉妹二人はそろそろお年頃。言い寄る男は引きも切らずという状況説明です。

転＝「起・承」で記した内容を「転じる」パートです。
「**諸国の大名弓矢で殺す**」⇩紅屋の娘たちから大名へと話が大きく転換しています。大名たちお侍は、弓・鉄砲で人を殺すのです。怖いですね。

結＝その話がどのように終結したのかというまとめです。
「**紅屋の娘は眼で殺す**」⇩お侍は弓矢で人を殺すけれど、紅屋の娘には弓も鉄砲もいらない。男なんてウインク一つでイチコロよ、というわけです。

この「起承転結」は、物語や随筆などでは内容を分かりやすくするとして好まれる構成法なのですが、「承」から「転」への展開の仕方が難しいことが挙げられます。緊張する入試の試験場で、紅屋の娘から大名へと発想を飛ばす困難さは想像がつくでしょう。さらに小論文の場合は、論理的な文章としてまず結論を先に示すことが好まれるため、「起承転結」の順序でまとめていくと、読み手は内容の理解に時間がかかってしまうという難点もあります。

したがって、まとめ方に自信のない人は「起承転結」という言葉を忘れようということが、お分かりいただけるでしょう。

②「三段構成（序論⇩本論⇩結論）」…書きやすく読みやすいまとめ方

では、どのようなまとめ方が良いのでしょうか。

小論文で、最も書きやすく読みやすい構成法は「三段構成」と言われます。「書きやすい」のは受験生のみなさんにとって書きやすいということ。「読みやすい」というのは、みなさんの小論文を採点する大学の先生方にとっても読みやすいということです。

「三段構成」は、「序論⇩本論⇩結論」という三段階の構成法になります。必然的に段落は最低三段落になりますが、部分的に執筆量が多くなったパートを二つに分けて四段落や五段落とするケースもあります。

小論文における三段構成の答案作成法には、二つのまとめ方があります。それぞれ「序論⇩本論⇩結論」のパターンで示すと次のようになります。

a　意見提示型答案　「意見⇩理由⇩意見の確認」

b　問題解決型答案　「現状⇩原因⇩解決策提示」

すべての小論文問題は、このどちらかの型で対処できますし、問題によってはどちらの型ででも対処できるものもあります。この二つのまとめ方をしっかりと身につけておきましょう。

〈a 意見提示型答案 のまとめ方〉

小論文は、設問文で問われていることについて、「答え」としての自分の意見を述べる文章です。多くの場合「良い・悪い」、もしくは「賛成・反対」で答えることになりますが、この場合のまとめ方が**意見提示型答案**（意見⇩理由⇩意見の確認）の構成パターンになります。最初に答えとしての意見を提示し、最後にもう一度意見の確認をすることにより、あなたの考えが印象深く読み手（採点者）に伝わります。

小論文入試での多くは現在の社会問題に対してあなた独自の意見が求められますので、この**意見提示型答案**が小論文作成の基本となります。

序　論…自分の意見を最初に提示する。

序論部では、冒頭に「○○の問題について、私は……と考える。」と、自分の意見を提示します。それによって論の方向を読み手に知らしめることになります。課題文が付されている場合は、「筆者は○○について、……と述べている。私は筆者の考えについて賛成（反対）である。」と、必ず課題文の内容を簡潔にまとめた上で、それに続けて自分の意見を述べます。課題文の内容を踏まえて論じていることを読み手に印象づけることが大切です。

本　論…具体例を挙げて意見の理由付けをする。

本論部は、序論で提示した意見の理由を述べるパートです。なぜそのような意見を持つに至ったのかを具体例を挙げて説明していきます。自分や友人の体験、メディアで知ったことなどの中からふさわしい例を挙げるようにしましょう。身近な具体例は読み手にも「なるほど！」と強く伝わり、説得力のある内容となるでしょう。

結　論…前向きの広い視点でまとめる。

結論部は、まとめとして序論で提示した意見を再確認するパートです。本論での考察を踏まえ、「以上の理由で私はこの考え方に賛成（反対）なのだ」と、意見を再確認する形でまとめます。その上で、「私はこう考える」という個人の強い思いだけでなく、「我々はこうあるべきだ」「こうすることが社会を良くすることにつながる」という趣旨の、前向きの広い視点でのまとめを心がけましょう。

「課題文」が付されている小論文問題の場合は、筆者の主張に対し「賛成・反対」の形で自分の意見を展開していきますが、課題文が説明文や随想文などの場合は筆者の主張が明確でないケースもあります。その場合は「賛成・反対」の答え方にこだわる必要はありません。課題文に示されたテーマについてストレートに自分の意見を述べていきます。

また、結論部は序論で提示した意見を再確認する形でまとめると述べましたが、時折序論部で記述した文章をそっくりそのまま繰り返す答案を見かけます。しかし、それではあまりに芸がありません。結論部での「再確認」とは、序論部で述べた意見の「ポイント」を押さえるということです。

さらに、まとめの段階になって、「考え方はいろいろあるだろうが……」とか、筆者の意見に賛成の立場で論を進めながらも「あえて反対はしないが……」とか、自身の考えをいったん留保するような記述の答案がしばしば見受けられます。これもまったく不要な配慮です。序論部で提示した意見のスタンスが賛成なら賛成、反対なら反対の立場を最後まで堅持してまとめることが大切です。

〈b　問題解決型答案のまとめ方〉

「良い・悪い」の価値判断を主とするのが意見提示型答案のまとめ方ですが、小論文の問題の中には意見提示型ではうまくまとめられないものもあります。価値判断は既に設問文に明白になっており、そこにおける問題点の解決方法が問われている出題のケースです。その場合は問題解決型答案（現状⇩原因⇩解決策提示）のパターンでまとめるようにします。

このケースでは問題点の分析と具体的な解決策の提示が必要です。環境問題、医療・福祉問題、教育問題などでは、この問題解決型答案のパターンで対処するケースが多くなります。

序　論…問題点の現状を述べる。

序論部では、まず課題で示された問題点について「このような事実がある」と、その兆候を示す具体例を挙げてみましょう。身近に同様の例があればそれをもとに詳しく述べていきます。問われているのが社会的な問題の場合は、ネットやメディア情報などから得た知識をフルに活用して対応しなければなりません。思いつくままメモした問題点の中から、自分が最も強く主張できる例を選びましょう。

本　論…問題点の原因・背景を明確にする。

本論部は分析のパートです。問題の発生源は何なのか、何が問題となっているのか、身の周りを振り返りながら問われている問題点についての原因や背景の考察を進めていきます。その問題の社会的な背景にも触れることができると、説得力のある小論文となるでしょう。

結　論…具体的な解決策を提示する。

結論部ではその問題の解決策を提示します。本論の分析を受ける形で自分の考える解決策をまとめます。とかく、「みんなで気をつけていくことが大切だ」という精神論的な漠然とした解決案が見受けられますが、それでは評価されません。何を、どのような方法で改善・解決すべきかを具体的に提案していきましょう。解決策が具体的であればあるほど、その答案の評価は高くなります。解決策の提示が難しい場合は、問題の緩和策を考えてみましょう。

最後に前向きの広い視点でまとめるのは意見提示型答案の場合と同様です。

なお、出題形式が「資料型」の小論文をまとめる場合は、この**問題解決型答案**のパターンを用いるとまとめやすいでしょう。

「資料型」小論文の答案作成法 ⇩ **問題解決型答案**で

序論…それぞれの資料から読み取ったことを述べる。提示された資料のすべてに触れることが大切。

本論…資料から分かる問題点を提起し、社会的背景や原因を明確にする。

結論…身近な具体例を挙げ、自身の意見・解決策を提示する。

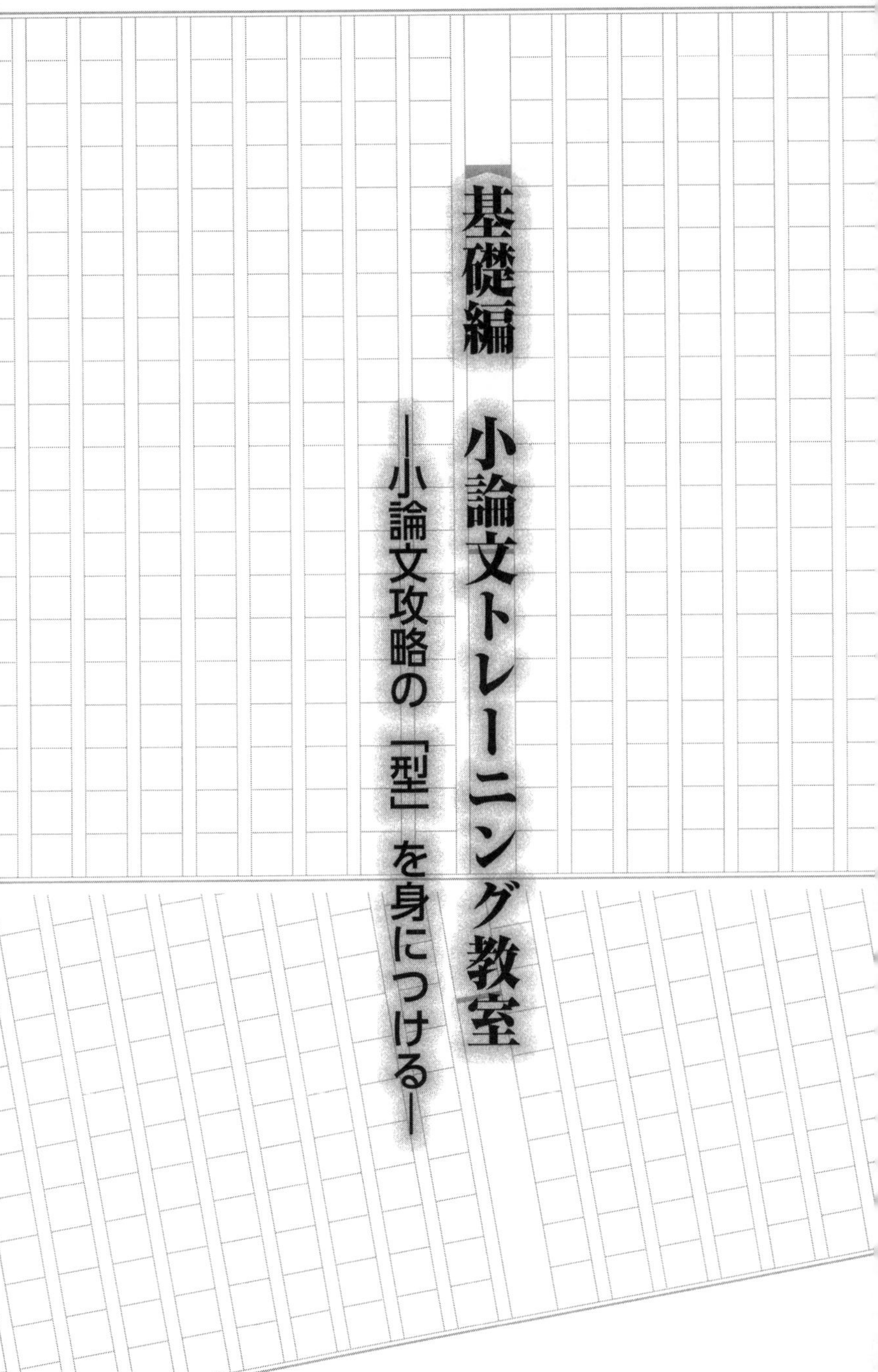

基礎編　小論文トレーニング教室

―小論文攻略の「型」を身につける―

入門編で、小論文とは「自分の考えたこと（意見）を書いて、なぜそう言えるのかを説明（理由付け）し、読み手を説得する文章」だということを学びました。課題として問われていることについて自分の意見を提示して、読み手が納得できるように説明するのが小論文だということです。あなたが書く小論文の「読み手」とは、言うまでもなく小論文の採点者であり、志望する大学の先生です。その採点者が納得できるように、自分の意見を論理的に筋道を立てて説明していかなくてはなりません。

ここ「基礎編」では、どのような「手順」で考えていくと合格答案にたどりつけるのか、具体的な問題をもとに学んでいきます。小論文答案のまとめ方には**意見提示型答案**と**問題解決型答案**の二つのパターンがありますが、基本は**意見提示型答案**です。その答案作成までの手順をたどりつつ、小論文攻略の「型」を身につけていきましょう。

意見提示型答案への「手順」

手順1　設問で問われている内容を正確に読み取る。

小論文の答案は、その内容を自由に綴（つづ）ってよいというものではありません。小論文には必ず「問い」があります。それは、設問文に明確に示されている場合が一般的ですが、直接は示されず、提示されている資料から自分で導き出さなければならない場合もあります。その問いがどのようなものなのか、それを確認するところから小論文は始まります。問われている内容を正確につかむことができなければ、高い評価を得る小論文を書くことはおぼつきません。

手順2　設問に対し、自分が主張すべき意見を決める。

設問の主旨をつかむことができたら、その「問い」に対する「答え」を考えますが、その答えがあなたの意見（主張）となります。小論文は問いに対する答えを提示して、それを読み手に説明していく文章なのです。問われていることに対して、あなたなりの答えをきちんと出すことが必要です。

手順3　主張する意見のもととなる理由付けを考える。

主張すべき意見が決まりましたら、次は、その意見を裏付ける具体例を考えます。これまで経験したことをもとに、提示した自分の意見の説明をしていきますが、これを「理由付け」と言います。この理由付けとあなたの意見が因果関係にあること、つまり、理由付けの内容が「原因」で、意見が「結果」という関係にあることを確認しましょう。ここでの考察が意見提示型答案として最も重要なパートとなります。

手順4　小論文攻略の型に合わせて主張をまとめる。

手順1・手順2・手順3とたどることができたら、最後にこれを読み手にうまく伝わるように、三段構成の**意見提示型答案**のパターン「意見⇩理由⇩意見の確認」に合わせてまとめるようにします。今後の日本社会のあるべき姿にも触れつつ、前向きに主張をまとめましょう。意見をきちんと書かないと感想文になってしまいます。

基礎トレーニング❶ 「スマホ」と「コミュニケーション」の関係

さあ、ここからは具体的な問題をもとに小論文攻略の「型」を身につけていきましょう。

総務省の調査（二〇一八年）によると、高校生の九九パーセントがスマートフォン（以下、「スマホ」）を所有しているそうです。携帯電話としての持ち運びやすさに加え、パソコンの機能性を備え持つスマホは、今や多くの高校生にとってなくてはならない存在となっています。スマホの存在は疎遠になりがちな友人とも気楽に連絡を取り合うことができるメリットのある一方、いじめや嫌がらせにつながるデメリットもあります。ここでは、スマホにおける通話アプリ等を使用してのコミュニケーション手段に注目し、周りの人とのコミュニケーションのあり方について考えていきます。

問　題

「スマートフォンを使用してのコミュニケーションは、相手と直接会って話をするよりも気持ちを伝えやすい」という意見に対し、賛成ですか、反対ですか。あなたの考えを四〇〇字以内で書きなさい。

手順1　設問が何を要求しているのかをつかむ。

現在、無料通話アプリ「LINE」でのグループトークは、高校生の会話の主流となっています。直接顔を合わせないスマホでの会話は相手と直接対面するときのようなプレッシャーがないので、気楽に話しやすいと感じる人も多いことでしょう。また一方には、スマホを通しての会話に、本当の気持ちを伝えられていないと不満を感じている人もいます。

この設問では、提示された意見への賛否を示すことによって、スマホを利用している日々の生活を振り返り、友人や家族と心を通じ合わせるためにはどのようなコミュニケーションが望ましいのかを考えていくことが求められています。

手順2　設問に提示された意見に賛成か反対か、自分の意見を決める。

まず、スマホでのコミュニケーションの特徴を考えてみましょう。

・時間や場所を問わず、相手と直接連絡をとることができる。

・絵文字やスタンプの使用で、自分の気持ちを簡単に相手に伝えることができる。

・直接顔を合わせないのでプレッシャーがなく、素直に気持ちを伝えることができる。

これらの特徴は、それぞれプラス・マイナスの両面が考えられます。実際に自分が周囲の人とどのようにスマホを使用しているかを振り返ってみましょう。直接顔を合わせないからこそ言いやすかったこと、逆に、直接会わないために気持ちが十分に伝えられなかったことなどからスマホでのコミュニケーションのあり方を考えて、設問に提示された意見への賛否を決めます。そのときの経験があなたにとってプラスと考えるならば「賛成」の立場で、マイナスと考えるならば「反対」の立場での意見となります。

スマートフォンの功罪

プラス面

便利・簡単・プレッシャーがない。

←仲間意識を高め、コミュニケーションを密にする。

意見に賛成

マイナス面

時と場所をわきまえず迷惑。深い話ができない。

←表面的な人間関係になりがち。

←コミュニケーションの質を希薄にする。

↓

意見に反対

手順3 自分の意見のもととなる具体例を挙げ、理由付けをする。

手順2で決定した賛成・反対の立場に沿って具体例を挙げ、そう考える理由を述べていきます。具体例は自分の体験した中から選び出すことが望ましいのですが、何も思いつかない場合は友人の経験やニュース等で知ったことでもかまいません。

「賛成」の場合は、なぜスマホを使うと直接顔を合わせるよりも思いを伝えやすいのかを述べます。面と向かっては言いにくいことも伝えやすいことや、少しでも早く連絡することで誠意を感じてもらえることなどの理由が挙げられるでしょう。

「反対」の場合は、なぜスマホを使用するよりも直接会って話すほうが気持ちが通じやすいのかを説明します。スマホでの会話では詳細は伝えにくく、本当に言いたいことが伝わらないことや、顔を合わせて表情を見ながら話すほうが心が通じ合うことなどの理由が考えられます。

〈賛成の場合〉（例）

⇩　部活動のあり方で意見の異なる友人に、LINEで自分の思いを素直に伝えることができた。反論されたときのことを思うとプレッシャーがあって、面と向かってはとても話すことができなかっただろう。

〈反対の場合〉（例）

⇩　些細（ささい）なことで友人と仲互いしてしまったが、顔を合わせることのないスマホでの謝罪では、友人の気持ちをほぐすことはできなかった。その後、直接会うことにより、心から謝罪することができ、友人も分かってくれた。

ここでの考察対象は、あくまでも「スマホでのコミュニケーション」です。スマホそのものの機能や、違法サイト、振り込め詐欺などの犯罪に使われることなどはコミュニケーションとしての考察にならないので注意しましょう。

手順4　小論文攻略の型に合わせて、三段構成で主張をまとめる。

小論文の答案は、三段構成の**意見提示型答案**のまとめ方が基本だということを再度確認しておきましょう。「意見⇩理由⇩意見の確認」のパターンです。

あなたが「賛成」の立場なら、スマホを使用したコミュニケーションの意義を述べるようにします。「反対」の立場の場合は、直接会って話をする意義として、表情や身振りなどを伴っての話が本当の気持ちが伝わりやすく、互いの信頼関係を築くことになるという方向で述べると良いでしょう。

その上で、コミュニケーションのあり方や人間関係にまで視点を広げて考察し、全体のまとめとします。

序　論…設問の要点と自分の意見を提示する。

まず、「スマートフォンを使用してのコミュニケーションは、相手と直接会って話をするよりも気持ちを伝えやすい」という意見に対する賛否を明らかにすることが大切です。さらに、なぜそう考えるのかを簡潔にまとめます。賛否を決める上で重要なのは、スマホを通したコミュニケーションの側面に注目することです。

⇩　私は、「スマートフォンを使用してのコミュニケーションは、相手と直接会って話をするよりも気持ちを伝えやすい」という意見に賛成だ。なぜならＳＮＳなどは相手が見えない分、自分の気持ちを素直に出せると考えるからだ。

本　論…意見の理由を具体的に述べる。

序論で述べた自分の立場に沿って、そう考える理由を説明します。その際、自分の経験やニュース等で見聞きした事例を具体例として挙げ、賛成であればスマホが直接会わないからこそもたらされるプラスの影響を、反対であれば直接会わなかったために気持ちが十分に伝わらなかったマイナスの影響を説明します。

⇩　照れやプレッシャーで、面と向かっては伝えにくい場合でも、スマートフォンならば話しかけるのも返事するのも気軽に行える。私は父親との会話は苦手だったのだが、スマートフォンのおかげでそれが可能となった。

結　論…本論を受け、まとめとして自分の意見を確認する。

本論までの内容を踏まえ、スマホを使うことと人間関係のコミュニケーションのあり方を結びつけて自分の考えをまとめます。賛否だけを述べて終わるのではなく、直接顔を合わせるコミュニケーションの意義、あるいは間接的でも相手との関係が深まる理由など、賛否それぞれの考察を進めましょう。

⇩　今、家族がいっしょに過ごせる時間は限られている。だから私は、スマートフォンの活用で気持ちを伝えられるというこの意見に賛成なのだ。スマートフォンの欠点も十分に心得た上で、気軽に気持ちを伝え合えるメリットを大切にすべきだと考える。

ここで、高校生の書いた答案例を見てみましょう。

上段に答案、下段に修正した方が良いと思われる答案部分（傍線部）の修正案を示しています。その上で、採点項目ごとの評価と講評を付しています。

■高校生の答案から

私は、「スマートフォンを使用してのコミュニケーションは、相手と直接会って話をするよりも気持ちを伝えやすい」という意見に賛成です。

なぜなら、SNSなどは相手が見えない分自分の気持ちを素直に出せると思うからです。人の顔が見えなければ、直接会って話すより精神的な面では楽になると思います。

しかし、近年では、そのSNSを使用したトラブルが多発しています。主な理由は「いじめ」です。相手の顔が見えないせいで毎年たくさんの人が被害を受けています。

ですが、使い方を間違わなければ、とても便利なツールなのです。たとえば、遊びに友達を誘う時や、ケンカをした時、きちんと自分の意見を出すことが出来ます。

だから私は、「スマートフォンを使用してのコミュニケーションは、相手と直接会って話をするよりも気持ちを伝えやすい」という意見に賛成です。

・賛成です➡**賛成である**

・思うからです➡**思うからだ**

・楽になると思います➡**楽になる**

・多発しています➡**多発している**

・「いじめ」です➡**「いじめ」である**

・受けています➡**受けている**（または）**被っている**

・ですが、➡**だが、スマートフォンは**

・ツールなのです➡**ツールである**

・出来ます➡**出来る**

・賛成です➡**賛成である**

【評　価】（A～E五段階評価）

〈内容〉
・課題と論点の整合性………A
・主張の明確さ………B
・主張を裏付ける適切な根拠…D
・論述の客観性………B
・論述内容の深さ………C

〈表現〉
・原稿用紙の使い方………A
・構成の的確さ………C
・誤字・脱字・文法の正しさ…A
・文章表現の適切さ………B

【講　評】

◎文体に敬体（です・ます調）が使われていますが、小論文は常体（だ・である調）で書くようにします。

◎全体が五段落構成になっています。四〇〇字の制限字数の場合は、三段落でまとめるようにしましょう。ここでは、第一段落と第二段落をまとめて序論とし、第三段落と第四段落をまとめて本論としましょう。また、一文で一段落を構成することはできるだけ避けるようにします。

◎序論部（第一・第二段落）で、設問文の意見に対する自分の立場をはっきりと提示することができています。また、そう考える理由も簡潔にまとめられています。とても良い書き出しです。

◎本論部（第三・第四段落）は、理由をより掘り下げていくパートです。第三段落でいじめについて触れられていますが、この設問では直接的な対話との比較を問題にしていますので、適切な例とは言えません。第四段落で挙げている例は抽象的で説得力に欠けます。送ったどのようなメッセージがどのように相手に届いたのか、自分の経験を具体的に挙げて論述するようにします。直接では話しにくいこともスマホでなら伝えやすいというスマホの特徴を踏まえて考察してみましょう。

◎結論部（第五段落）は、記述が第一段落の内容とまったく同じになっています。序論部での主張を再度確認することは大切ですが、結論部ではポイントを簡略に示し、その上で、まとめとしてスマホを使用してのコミュニケーションの意義について述べるようにしましょう。

基礎トレーニング❷「失敗すること」と「成長すること」

「失敗する」ことは、誰にとっても快いものではありません。失敗したいと思ってものごとに取り組む人はいないでしょうが、長い人生において何の失敗もなく過ごせる人もまたいないはずです。経験するその失敗には、ほんのちょっとしたミス程度のものから、あるいは人生の航路を変えてしまうのではないかと思うような取り返しのつかないレベルのものまでさまざまです。

問　題

人間は誰でも、生きていくうちにさまざまな失敗を経験します。その「失敗する」ということについて、あなたはどのように考えますか。具体例を挙げながら、四〇〇字以内で書きなさい。

手順1　設問の主旨をつかむ。

失敗した時点では、その失敗はマイナスの経験でしかありません。しかし、「失敗は成功のもと」という諺（ことわざ）もあります。自分の努力次第ではマイナスをプラスに転じることも可能です。人は失敗から教訓を学び、次第に成長していくものです。この問題では、失敗というマイナスの経験を通して、あなたが自分自身の考え方、生き方をどのように見直すのかが問われています。

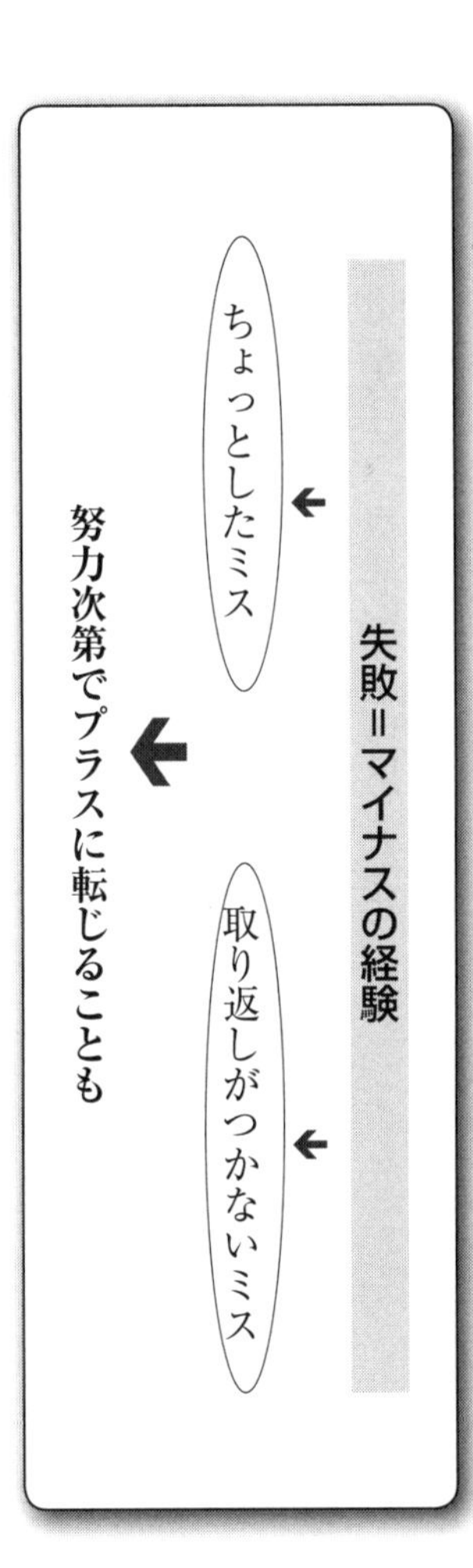

手順2　「失敗する」ことをどう受け止めるか、考える。

設問文にあるように、人間は誰でも、生きていくうちにさまざまな失敗を経験します。あなたは「失敗する」ことについてどのように受け止めるのでしょうか。「プラス」なのか、「マイナス」なのか、失敗した過去の経験を振り返って自分自身の「失敗する」ことへの思いをまとめていきましょう。

失敗のいやな思いを引きずって消極的になってしまったという場合は「マイナス」の受け止め方になります。失敗をしたけれど、その経験を生かして改める努力を重ねたら良い結果につながったという場合は「プラス」の受け止め方となります。

〈プラスの受け止め方〉（例）

・失敗は、次に生かして自らの人生を変えることができる。それが失敗の魅力であり素晴らしいところであると考える。

〈マイナスの受け止め方〉（例）

・失敗をすることは辛くて悲しいものだ。その経験は多かれ少なかれトラウマとなって人生の負の遺産となってしまうと考える。

手順3　失敗の具体例を挙げて、意見の理由付けをする。

手順2で決めた意見を説明する具体例を挙げてみましょう。日常生活における勉強のこと、部活動のこと、友人関係のことなど、身近なことを振り返ってみます。どのような失敗であったのか、失敗したときの自分の思いや、その後の行動などを読み手に分かるようにまとめましょう。自分自身の経験の中に適切な例が見つからない場合は、見聞きした友人のことやニュース等で知り得たことでもかまいません。

〈失敗の具体例〉

・部活動のサッカーで遠征することになった。早朝七時に駅に集合とのことだったが、寝坊して予定の時刻に遅刻してしまった。そのためチームのみんなに迷惑をかけてしまい、監督から大目玉を喰らってしまった。目覚まし時計を準備する心掛けがあれば防げた失敗だった。

・二〇一二年ノーベル化学賞を受賞した白川秀樹教授の、受賞に到る物質発見のきっかけは、ある実験の際に誤って触媒を予定の一〇〇〇倍も入れてしまったことだという。もし、その大失敗がなかったとしたら、ノーベル賞につながることはなかっただろう。

ここで挙げる具体例を踏まえ、「失敗すること」への自分の考えを結論としてまとめていきます。なお、寝坊して集合時間に遅刻したような、自分の努力次第で改善できる失敗もあれば、運に左右されるような、自分の努力だけではどうにもならない不可抗力での失敗もあります。しかし、いずれも失敗した事実には変わりありません。ここではしてしまった失敗をどう受け取ったら良いかを考えていきましょう。

・自分にとって失敗することはどういう意味があったのか。
・これから失敗した時にはどうするのが良いのか。
・人間にとって失敗の経験とはどのようなものか。

手順4　小論文攻略の型に当てはめて主張をまとめる。

小論文のまとめ方の基本は三段構成の**意見提示型答案**のパターンでしたね。この課題も意見提示型の「意見⇩理由⇩意見の確認」のパターンでまとめます。

「失敗すること」の受け止め方は、プラスやマイナス、人によりさまざまです。失敗した結果、「次にそのことをするのがイヤになった」という方もいるでしょう。しかし、入試で小論文にまとめる際には消極的な方向は避けるようにします。

「失敗したこと」⇩「その失敗から学んだこと」⇩「その失敗の経験が後の生き方（成功）につながった」というように、失敗を前向きに生かす方向でまとめていきましょう。

序　論…「失敗すること」への自分の意見を明確に示す。

失敗についての自分自身の意見を提示します。序論でその理由を付す場合は簡略に記し、次の本論で詳しく述べるようにしましょう。

⇩　人間は誰しも失敗する。しかし、失敗をしたとき、その失敗をどうとらえるか、その後どう行動するかで「良い失敗」と「悪い失敗」に分かれてしまうと考える。私は、失敗があるからこそ人生が豊かになるのだと考える。

本　論…具体例をもとに、自分の意見の理由付けをする。

失敗についての具体例を挙げることによって自分自身の失敗に対する考え方を裏付け、読み手を納得させるようにします。

⇩　部活動で顧問の先生に相談に行ったことがある。そのとき先生は昼食中だったのだが、私はかまわずに用件を話し始めた。そのとき隣の先生から、「親しき中にも礼儀ありと言うぞ」と注意されて初めて礼を失していたことに気づかされた。

結論…まとめとして意見の確認をする。

序論で述べた意見のスタンスをもう一度確認し、全体が前向きに一貫した内容となるようにまとめます。

⇩

失敗は誰でもするものだ。私は、失敗をしないことよりも、その失敗をその後の人生に生かせるか生かせないかが重要なのだと考える。失敗にめげずに前向きに生きることで豊かな人生を送ることができるのだ。

■高校生の答案から

「失敗する」ということは、次に向けての課題が見つかるということである。私は中学のころにそれに気がついた。

失敗した時、私はいつも後悔の気持ちとともに少し自分が成長したように感じる。中学にあがって電車通学になった私は、時々電車に乗り遅れてしまうことがあった。しかしある時、乗り遅れる原因を考えた時に、生活習慣に改善するべき点を見つけた。改善してからは、電車に乗り遅れることもなくなった。

・ころ⬇（後に「この頃」と表記されています。漢字にするか平仮名にするか、文中の表記は統一します。）
・少し…感じる⬇（なぜそのように感じるのか、理由を具体的に書きましょう。）
・た時に⬇（削除。）
・改善してからは⬇（何を、どの

この頃から私は自分の失敗したことに対して、何が原因なのか、今後どうするべきかについて考えるようになった。普段の生活の中の何気ないことでも、少し立ち止まって考えるようにしている。

失敗は決っして悪いことではない。むしろ人生の宝物だと私は思う。自分の生活や考え方を良い方向に向けるチャンスである。一番いけないことは失敗することではなく、その失敗から何も学ばないことではないだろうか。

ように改善したのかを具体的に示しましょう。）

・この頃➡**このころ**
・決っして➡**決して**
・思う➡**考えている**
・ではないだろうか➡**だと考える**

【評　価】（A～E五段階評価）

〈内容〉
・課題と論点の整合性……………A
・主張の明確さ……………………B
・主張を裏付ける適切な根拠……D
・論述の客観性……………………A
・論述内容の深さ…………………C

〈表現〉
・原稿用紙の使い方………………A
・構成の的確さ……………………B
・誤字・脱字・文法の正しさ……B
・文章表現の適切さ………………C

【講　評】

◎序論部（第一段落）で、課題に対する自分の考えを提示することができています。「次に向けての課題」が失敗を克服しての「進歩」や「成長」を意味していることも示すと、より明快になります。

◎本論部前半（第二段落）では、「改善すべき点」を具体的に示し、それに対するあなたの取り組みを示します。何を心がけたのか、どのように努力したのかなどの内容を盛り込みましょう。
◎本論部後半（第三段落）では、「失敗から学ぶ」というあなたの考えが示されています。さらに「失敗を次に生かす」「同じ失敗を繰り返さないようにする」ということについて論じると内容に深まりが出ます。
◎結論部（第四段落）で、結論としてのあなたの考えを明瞭に示すことができています。失敗を「自分の生活や考え方を良い方向に向けるチャンスと受け止めることが大切だ」という考え方はとても良いまとめかたです。

基礎トレーニング❸ 「救急車の有料化」は是か非か

「一一九番」の電話一つで駆けつけてきてくれる救急車。事故や急病の際には心強い存在ですが、できればお世話にはなりたくないですね。

現在の日本では、一一九番で救急車を呼んだり、病院から病院へ転院したりする際の救急車搬送は、患者の国籍・人種・納税の有無にかかわりなく無料です。これは、日本では救急車による搬送が行政サービスの一つとされており、その費用が自治体の税金で賄われているためです。

しかし二〇一五年、財務省より救急車の一部有料化の提案がなされました。諸外国では救急車は有料が一般的なのに対して、日本では年間二兆円もの巨額な費用が自治体負担となっていることを問題視してのことです。

問題

「日本は救急車の利用を有料化し、利用者が料金を支払うようにすべきである。」という意見に対し、賛成ですか、反対ですか。あなたの考えを六〇〇字以内で書きなさい。

手順1 設問が何を要求しているのかをつかむ。

日本の救急車出動状況（二〇一八年）

出動件数…六六〇万五一六六件（対前年比二六万三〇一九件増）

搬送人数…五九六万二〇二二人（対前年比二二万四一一六人増）

＝

出動件数、搬送人数ともに過去最多

・高齢化の進行による高齢者の搬送
・急を要しない病人やけが人の搬送
・タクシー代わりの利用者増

← **緊急性の高い患者の搬送に支障**

救急車の有料化を検討

●年々増加する出動件数

まず、設問の背景を確認しておきましょう。

二〇一八年の救急車による全国の救急出動件数は六六〇万五一六六件、搬送した人数は五九六万二〇二二人となっており、出動件数、搬送人数ともに過去最多を記録しました。初めて五〇〇万件を超えたのは二〇〇四年ですが、それ以降も、ほぼ一貫して増加傾向が続いています。この出動件数は一日平均すると約一万八〇〇〇件で、五秒に一回の割合で救急隊が出動し、国民の二一人に一人が救急隊によって搬送されたことになります。

日本では一一九番に電話すると、いつでもどこでも救急車が駆けつけてくれます。緊急の場合には安心して利用できるありがたいシステムですが、一方では、そのために重症ではない患者が安易に救急車を利用するという問題が生じています。二〇一八年の救急車の出動のうち、実に四八・五パーセントが「軽症」に分類される病気やけがでの必要性の低い出動となっています。中には、「蚊に刺されてかゆい」「海水浴に行って、日焼けした足がヒリヒリする」「病院でもらった薬がなくなった」「病院で長く待つのがめんどうなので、救急車を呼んだ」「裁縫中に針で指を刺した」などの、モラルが疑われるようなケースもあるのです。これでは有料化への声が出てくるのもうなずけようというものです。現在はまだ無料のままですが、財務省が救急医療という「聖域」に鋭いメスを入れようとしていることは間違いないでしょう。

小論文の答案をまとめるにあたっては、自分が書かなければならないものは何なのかを明確にしておきましょう。ここでは、救急車を利用する人が対価を支払うべきかどうかということを通じて、救急医療のあり方、利用者のモラルなどをどのように考えるかが問われています。

手順2 課題を踏まえ、自分の考えを明らかにする。

設問を受けて自分の答えを示すことが求められています。「救急車の利用を有料化し、利用者が料金を支払うようにすべきである」という意見に対して、あなたは賛成でしょうか、それとも反対でしょうか。まず、自分の考えを明確に示しましょう。その上で、具体例を挙げながら、そのように考える理由を説明していきます。

なお、賛成・反対の意見以外にも、部分的賛成という考えもあり得ます。

- **賛　成**　⇩すべてのケースで有料
- **部分的賛成**　⇩ケースによっては有料
- **反　対**　⇩すべてのケースで無料

手順3 賛否それぞれの立場に立って、その理由を説明する。

この設問には特に「具体例を挙げて」という指示はありませんが、自分や身近な人が救急車を呼んだときのこと、あるいは救急車の利用に関して報道されていることなどを取り上げ、具体例に基づいて自分の賛否の理由を説明していきます。無料によることの利点や問題点、有料にした場合に改善されること、問題として残ることなどを考えてみましょう。

〈賛成の場合〉

・**利　点**＝有料化は、軽症でも安易に利用する事態を抑制する。

・**問題点**＝病気の人が救急車の利用をためらう事態が生じる。また、軽症でもお金さえ払えばよいと考える人が出てくる。

救急車の不適切利用の最大の原因が無料で救急車を利用できる点にあることを考えれば、有料化は抑制への有効な手段と言えるでしょう。それによって、救急車は救急救命を必要とする重症者の元へより速やかに駆けつけることができます。そして、それは結果的に救急スタッフの負担を軽くし、慢性的に人手不足と言われる救急救命要員の職場環境を改善することにつながります。しかし、有料化するにしてもどのくらいの金額が妥当なのか、一率の料金でいいのか、治療費の多寡に応じた金額にすべきか等、検討すべき点は多々あります。ちなみに、「日経ビジネス」の調査（二〇一六年）によれば、医師の九割が救急車の有料化を支持し、一回当たりの患者負担額は「五〇〇〇円～一万円」が妥当だとしています。

〈部分的賛成の場合〉

・**利　点**＝すべて有料にすると本当に緊急性のある人にも影響を及ぼす恐れがあるが、部分的有料化ならば軽率な利用に対してのみ歯止めとなる。

・**問題点**＝有料化の条件設定や実施が難しい。

もし、救急車がすべて有料だとしたら経済的にゆとりのない人は、突然の病気やケガでも救急車を呼ぶことをためらうかもしれません。その結果、助かる命が救えなくなるケースもあり得ます。そうなると、経済的な格差が命の重さをも左右してしまうことにもなりかねません。そこで、一律の料金を課す方法以外に、ケースによって料金を徴収する方法が考えられます。例えば、搬送後に救急車の必要性があったかどうかを医師の判断に委ねるなどの方法です。しかし、この場合でも、医師によって緊急性が認められるかどうか患者が判断に迷う場合は、救急車が使いにくいといったことが生じる恐れもあるでしょう。

〈反対の場合〉

・**利　点**＝無料だからこそ誰もが安心して利用できる。

・**問題点**＝現在の問題点がそのまま残ってしまう。

いつでもどこでも救急車が駆けつけてくれ、無料で病院まで運んでくれる現在の日本の救急システムは、緊急の場合に安心して利用できる世界に誇れるシステムです。無料ということで生じる問題点を解決していくためには、公費で救急車の台数を増やすことや民間事業者による医療搬送車の整備拡充などを考える必要があるでしょう。

また、自治体によっては、救急車を呼ぶかどうか迷ったときに相談できる救急相談電話の窓口があるのですが、その存在はあまり知られておりません。不必要な救急車の出動を減らせる有効なシステムとして、そのような窓口の全国的な拡充、告知などの提案も考えてみましょう。

手順4 小論文攻略の型に当てはめて主張をまとめる。

この課題も三段構成 **意見提示型答案** のまとめ方、「意見⇩理由⇩意見の確認」のパターンでまとめます。

なお、あなたが救急車の有料化に「賛成」「部分的賛成」「反対」、いずれの立場であっても、利用する側のモラルが問われることと、本当に救急車を必要とする人が確実に利用できる体制を整えることが目標であることには変わりありません。

序　論…意見を提示して、問題に対する自分のスタンスを明らかにする。

緊急の場合に素早く駆けつけてくれる救急車ですが、今まで通り無料でいいのか、それとも有料化すべきなのか、あなたの考えを明示します。

⇩　私は救急車の有料化には反対である。緊急の際に一一九番へダイヤルするだけで駆けつけてくれる救急車は、富裕、貧困にかかわらず誰もが利用できることが何よりも大切なことと考えるからだ。

本　論…具体例を挙げて、なぜその立場に立つのか、理由を示す。

自分の経験などを振り返り、なぜ序論で示した見解を持つに至ったのか、理由を具体的に述べていきます。

⇩　数年前の夏、一人の路上生活者が公園内で倒れているという事件があった。幸い通行人の通報で救急搬送され命に別状はなかったのだが、救急車が有料ならば搬送はなかっただろう。路上生活者とはいえ、人命救助を最優先に考えれば、救急車の有料化はあってはならないことだ。

結　論…意見を確認して、前向きにまとめる。

救急医療をめぐる今後の日本社会のあるべき姿にも触れつつ意見を再確認します。ポイントは救急車を利用する者のモラルのあり方です。

⇩　富める者、貧しい者、誰でもが利用できる日本の救急システムは世界に誇れる仕組みである。利用者のモラル向上を図り、無料で救急車を利用できる仕組みは、今後も維持されるべきだと考える。

■高校生の答案から

私は救急車を有料化し、利用者が料金を支払うようにする、という案に賛成である。

なぜなら、救急車を使わなくても良い人が救急車を利用し、救急車が本当に必要な人が利用できなかったり利用できるまでの時間が長くなったりしているからである。救急車は、電話で場所を伝えるだけで無料で病院まで運んでもらうことができる、とても便利なも

・なぜなら➡（改行せず、前の行につなげる。）
・使わなくても良い➡使わなくてもよい
・できなかったり➡できなかったり、
・救急車は➡（ここで改行し、本論とする。）

のだ。その便利さを利用し、救急車を利用しなくて良い人でも簡単に利用する。例えば、ぎっくり腰やねんざなどである。私は以前、看護士としてよく救急車に乗る母に、救急車について聞いたことがある。そのときに、時折りぎっくり腰やねんざ程度で救急車を呼ぶ人がいるために救急車が足りない状況で本当に必要な人の所に行けないことや登着が遅れてしまうことがあると教えてくれた。このことから、私は救急車を有料にすることで安易に利用しようとする考えを無くすべきだと考えた。

ただ、救急車が有料になれば本当に救急車が必要な人も使用しなくなるかもしれない、と考える人もいるだろう。でも、救急車が無料で利用可能であるために、救急車が足りていない状況にある。すでに利用すべき人が利用できない状況なのだ。だからこそ、有料にすることで病院へ無料で運ぶためのタクシー代わりに使われないようにする必要があると考える。

以上のことから私は、救急車の有料化に賛成である。

・しなくて良い⬇しなくてよい
・例えば…ねんざなどである。⬇（削除。すぐ後に同様の表現が出てきます。）
・看護士⬇看護師
・状況で⬇状況となり、
・登着⬇到着
・あると教えてくれた⬇あることを知った
・でも⬇しかし
・以上のことから⬇（前の行につなげる。）

【評　価】（Ａ～Ｅ五段階評価）

〈内容〉
・課題と論点の整合性………Ａ
・主張の明確さ………Ａ
・主張を裏付ける適切な根拠……Ａ
・論述の客観性………Ａ
・論述内容の深さ………Ｂ

〈表現〉
・原稿用紙の使い方………Ａ
・構成の的確さ………Ｂ
・誤字・脱字・文法の正しさ……Ｃ
・文章表現の適切さ………Ｂ

【講　評】

◎序論部。冒頭で、設問文の意見に対し「賛成」であることを示し、続く第二文で賛成である理由を簡潔に示すことができました。ここまでを序論としましょう。

◎本論部では、救急車が無料であることの問題点を身近な人の経験から知り、その上で、有料にすることで、どのような問題が解決されるのかを示すことができています。

◎結論部では、有料化することで生じる問題点に触れています。この点をもう少し詳しく述べたいところです。さらに、「救急相談電話」の窓口拡充など、その問題点の解決策を提示できると、よりすぐれた小論文となるでしょう。

◎「良い」という表記が二か所用いられています。「良い」「よい」「いい」の使い分けは難しいですが、「良い」は「悪い」と対比される意味の場合に使用し、「かまわない」という意味の場合は「……してもよい」と平仮名表記に、「いい」という表記は口語的表現の場合に使用します。

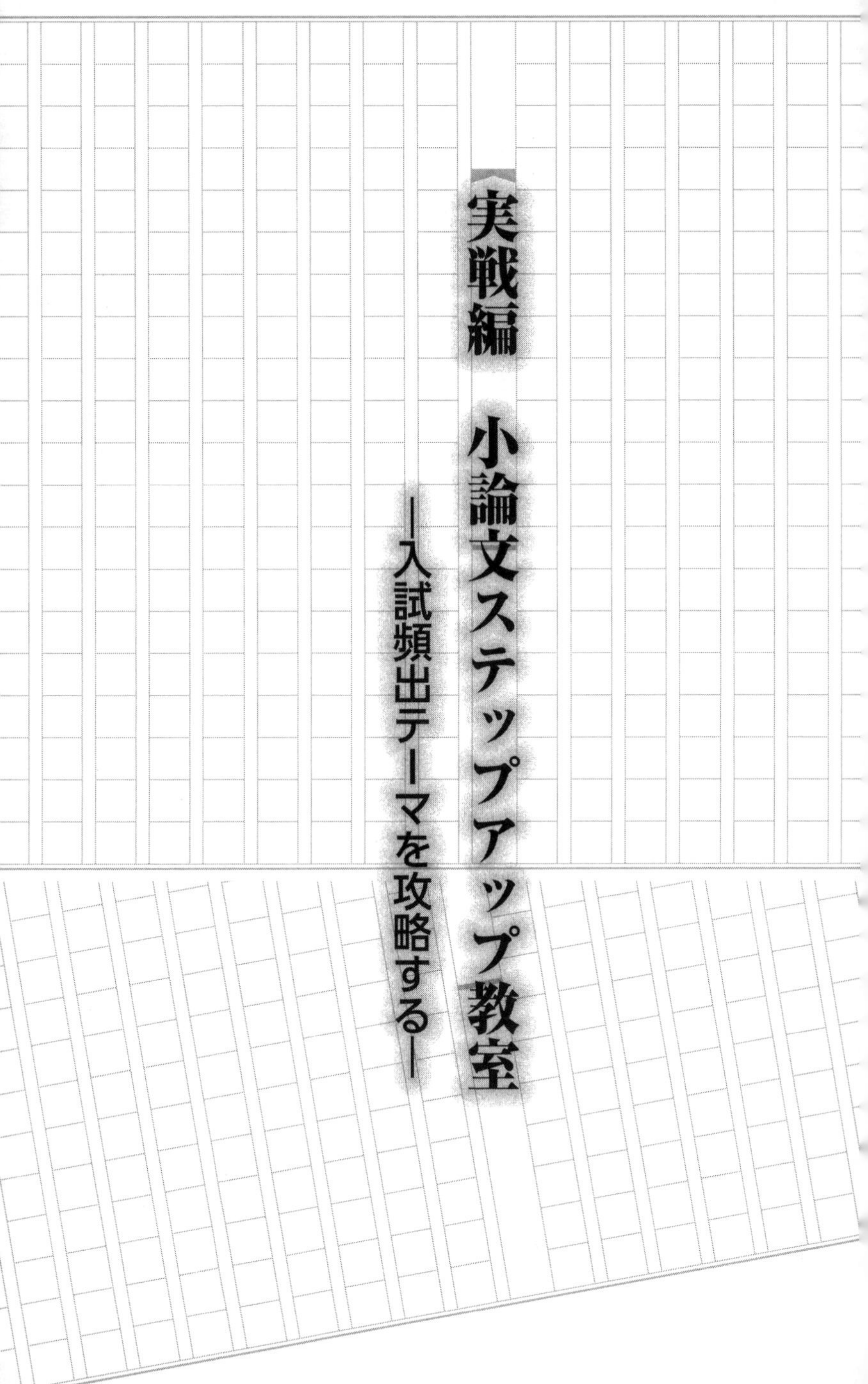

実戦編　小論文ステップアップ教室

―入試頻出テーマを攻略する―

大学入試の小論文問題は、おおよそ九つのテーマに分類されます。「社会・高齢化・情報・人権・環境・国際化・教育・医療・科学」ですが、いずれも極めて現代的な重要テーマです。入学を志望する受験生たちにこれらの問題をしっかり考えてほしいという大学側の意図がうかがわれます。

ここ「実戦編」ではこの九つのテーマに加えて「志望理由」を取り上げ、それぞれ具体的な問題をもとに攻略法を解説しています。「手順」に沿って問題のまとめに取り組むことによってテーマに関する知識（時事力）が身につき、入試小論文の突破力は自然とあなたのものとなっていくでしょう。

一　社　会

社会分野には、現代社会における諸問題が幅広く含まれています。入試小論文でも、日本の人口減少、自然災害への対策、インバウンド（訪日外国人観光客）、子どもの貧困、パワハラ・セクハラ、働き方改革、貧富の差などさまざまな問題の出題が予想されます。普段から新聞やテレビのニュース番組などをよくチェックしておかなければ対処できません。ここでは、日本語における「カタカナ語」問題と「フリーター」問題を考えていきましょう。

社会❶　巷（ちまた）にあふれる「カタカナ語」

二〇二〇年は新型コロナウイルスの感染拡大で世界中が大パニックでした。そのとき、日本政府は感染者集団を「クラスター」、感染爆発を「オーバーシュート」、都市封鎖を「ロックダウン」などと呼んでいたのですが、このことについて防衛省の河野大臣（当時）が、自身のツイッターで「何でカタカナ?」と投稿すると、共感を示す「いいね」が二四万件を超えたと言います。カタカナ語の乱用を快く思っていない人が少なからずいるということなのでしょう。

近年の情報量の増加からでしょうか、外国語の発音をそのまま表記するカタカナ語が盛んに使われるようになりました。特に、ＩＴ（情報技術）分野やグローバル化著しいビジネス分野ではカタカナ語が氾濫しています。若者の間でも漢字や仮名で書くべき言葉までカタカナ語で表記することが流行し、もはや「日本語の危機」と考える人もいるほどです。みなさんもテレビや新聞で、あるいは友人とのメールのやりとりで実感しているのではないでしょうか。耳に入る「カタカナ語」の意味が分からずに戸惑ったり、知ったふりをしてやり過ごしたことも一度や二度ではないという方も少なくないはずです。

問　題

世の中には「カタカナ語」があふれています。新聞のテレビ欄を見ても分からないものが多いと嘆いて日本語の将来を憂い、心を痛める人も少なくありません。一方で「国際化の時代には是非必要」という声もあります。このような「カタカナ語」を多用する現状について、あなたは賛成と反対のどちらの立場をとりますか。六〇〇字以内で書きなさい。

手順1 設問が何を要求しているのかをつかむ。

まず、設問文が何について、どのように書くよう求めているのか、要求されていることを確認しましょう。

ここでの設問文には、カタカナ語の多用について、あなた自身が問題とする立場（反対）をとるのか、それとも問題ではないとする立場（賛成）をとるのかを明らかにすることが求められています。設問文で求められていない場合でも「賛成」「反対」で答えるのが小論文の基本です。

●「外来語」と「カタカナ語」の違いは？

ところで、「カタカナ語」って何なのでしょうか。一般に「外来語」と言われている言葉もカタカナで表記されますが、この「外来語」と「カタカナ語」に違いはあるのでしょうか。

「外来語」と同様、「カタカナ語」も外国から入ってきた言葉を発音通りにカタカナ表記したものですから外来語に違いありません。一見、両者に明確な違いはないようですが、「カタカナ語」として問題視される場合は、いわゆる「外来語」とは異なるように思われます。その違いを確認しておきましょう。

「外来語」は、主に欧米諸国から入ってきた言葉で、既に日本語と同じように使われるようになった語を指しています。日常用いられてその意味するところが何なのかが問題になることは、まずありません。それに対して「カタカナ語」の場合は、現在の日本でカタカナで表記されていますがそのままでは理解されにくく、日本語の中に同化して使われている語とは言えないところが「外来語」と違います。

つまり、多くの人に認知され、もはや日本語と同じように使用されている語が「外来語」です。それに対して、まだ理解が困難だとする人々の多い語が「カタカナ語」だと言えるでしょう。

「外来語」と「カタカナ語」

外　来　語…外国の言語から借用した語で、カタカナで表記され、日本語とまったく同じように使用されるようになった語。

（例）ガラス、ノート、パソコン、パン、ラジオ　など

カタカナ語…外国の言語から借用した語で、カタカナで表記されるが、まだ日本語に同化していると言えない語。

（例）アジェンダ（行動計画）　プロパガンダ（政治的宣伝）
イノベーション（技術革新）　マイノリティー（少数派）
コンセンサス（同意）　ワークショップ（体験型学習）など

なお、「カタカナ語」は、主に新しく日本に入ってきた外来の語になりますが、「スキンシップ」や「サービスエリア」などの和製英語についても言います。また、漢語も中国語からの借用語なのですが、文字を持たなかった日本人が長い時間をかけて自分のものとして消化してきた経緯から、これを外来語とは言いません。

手順2 設問を踏まえて、どのような点について小論文を書くか考える。

設問文からつかんだことをもとに、その背景を考え、思いつくことをすべてメモします。その中から自分が最も強く主張できるものを選ぶようにしましょう。

設問文の「日本語の将来を思い、心を痛める人」は「カタカナ語」の多用に反対の立場に立つ人、「国際化の時代にはぜひ必要」という声をあげる人は賛成の立場に立つ人と言えます。

●カタカナ語が多用される背景

カタカナ語が頻繁に使用されるようになった社会的背景を考えてみると、次のような点が挙げられるでしょう。

・カタカナ語の多くは、よく使用される外国語が日本語に翻訳されず、その音をもとにアルファベットを用いずに表記したもの。日本語の中に溶け込んで、もはや日本語として定着しているもの（外来語）も少なくない。

・従来、医療や芸術等の専門用語として用いられており、日常生活の中で使用する機会は少なかった。当然、カタカナ語の数も限られていた。

・現在では、テレビやインターネットを通じて、特定の業界ばかりでなく、一般社会に広まっている。

・カタカナ語は、難解に見える漢字の訳語よりもスマートな印象を与えるところから、特にビジネス業界から数多く生まれている。

・本来の意味もわからないまま使用され、言葉の役割である円滑な伝え合いの障害となるケースも出てきている。

これらの背景から、賛成、反対、どのような意見が出てくるでしょうか。

〈反対の意見メモ〉

・カタカナ語を使う人たちは日本語という美しい言葉に誇りを持っていない。
・外国語の発音をそのまま表記したカタカナ語は見ても分からないものが多い。
・カタカナ語では、日本語という母語をもとに物事を考え、見極める力を奪う。
・カタカナ語では正しい英語習得の妨げになる。

〈賛成の意見メモ〉

・カタカナ語から英語にも親近感がわく。国際化の時代には必要。
・日本人は古来、外来文化を積極的に取り入れてきた。カタカナ語もその一つだ。
・カタカナ語は日本語の懐の深さを示すものだ。

手順3　テーマについて賛成するのか、反対するのか、自分の立場（意見）を決める。

この問題では、「賛成と反対のどちらの立場をとりますか」と丁寧な問い方がなされていますが、小論文の場合は設問文に指示がなくても、そのテーマについて賛成の立場に立つのか、反対の立場に立つのか、最初に自分のスタンスを明確に示すことが大切です。課題文が与えられた小論文の場合でも、筆者の主張がはっきりしている場合は、その筆者の主張に対して賛成か反対かの立場を明確にして論じていきます。

ここではカタカナ語の多用についてのスタンスを決める必要から、次のような点を考えてみましょう。

・自分自身の言語生活を振り返ってみる

日常生活の中で、普段意識せずに使用している言葉（会話で使用するもの、ノートに書くものなど）をもう一度見直し、カタカナ語を自分がどのくらい使っているか確認してみます。使用頻度が高い場合は「賛成」、あまり使用していない場合は「反対」と考えてよいでしょう。

・「賛成」「反対」のスタンスを決める

自分の日常を振り返ってカタカナ語の使用頻度が高い場合、どうして使用しているのか、メリットは何かを考えてみましょう。また、カタカナ語が多用され、理解が追いつかないという場合でも、プラス面のほうが大きいと感じるのなら、対策を講じる必要はないので賛成の立場となります。

一方、カタカナ語をあまり使用していない場合、なぜ使用しないのかを考えてみましょう。その理由からカタカナ語のデメリットが見えてくるはずです。また、カタカナ語を多く使用している場合でも、その状況を快く思わないのなら反対の立場に立って、今後どうすべきかを考えるようにします。

手順4 読み手を納得させる「理由付け」をする。

手順3で示した立場（意見）を、読み手に「なるほど」と思ってもらうための説明が「理由付け」（根拠）です。読み手に理解される説明は「客観的」で「論理的」でなければなりません。読み手が読んだときに、「そんなことは誰も考えない」と思われてしまっては理由付けとはなりません。「意見」と「理由付け」が因果関係になっていることが大切です。あなたの示した理由付けの内容が「原因」となっており、その「結果」が意見となっているかどうかを確かめるようにします。

以下、いくつかの理由付けの例を見てみましょう。

①雑誌やテレビなどの情報から

> 最近の雑誌には顕著なカタカナ語の氾濫が見られる。「共同開発」は「コラボレーション」、「高級感」は「ラグジュアリー」、「紺」は「ネイビー」、「えんじ」は「ボルドー」といった具合。これでは理解に追いつかない人、とりわけ高齢者は取り残されてしまうことになる。だから私はカタカナ語の多用に反対なのだ。

←

この理由付けは、購読している雑誌の中から理由付けの材料を探し出してきています。このように、新聞・雑誌で読んだことやテレビやインターネットで知ったことは、他の多くの人も目にしているはずです。こういう広く知られたメディアなどの情報を活用すれば小論文の読み手を納得させることができるでしょう。

②客観的な事実から

日本語は、各地の方言からも分かるように、古い言葉が長い時間をかけてゆっくりと変化してきたものだ。カタカナ語も同じだ。便利で本当に必要な言葉は人々の間に浸透して残っていき、そうでない言葉は時間がたつうちに消滅する。だから私は、カタカナ語の多用に賛成なのだ。

ここでは、日本各地の方言という客観的事実をもとに、言葉は時代とともに変化していくという理由付けを行っています。方言とは特定の地方に残る古い言葉や言い回しのことですが、このように多くの人が「共通して持っている考え」や「常識」と言われるもの、あるいは、世の中の「事実」などに思い当たる人の多くが、提示した意見に納得してくれるでしょう。

③自分の経験したことから

最近「リスペクト」というカタカナ語をよく耳にするようになった。これは「尊敬する」という意味の英語からきたものだと言うが、日本語にもともとあった「尊敬」という意味とはちょっと別の言葉として使われているように思われる。

例えば、二〇一九年ラグビーWCで見られたラガーマンたちの姿勢だ。試合ともなれば彼らは、対戦相手にも、審判にも、観衆にも、運営に関わるスタッフにも、あるいはスタンドに来られないファンにさえも最大限のリスペクト精神を示すのだ。彼らはさまざまな人たちの支えによって愛するラグビーに打ち込むことができるということを知っている。勝者・敗者がともに随所に見せ、表現されたリスペクト精神。それは、単に「尊敬」という翻訳された言葉では言い表せないような深い意味のような気がする。だから私は、カタカナ語の多用に賛成なのだ。

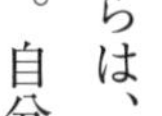

こちらは、ラグビーWC観戦の際の自分が経験し、感じたことをもとに理由付けを行おうとしています。自分の経験から学んだことや影響されたことをもとにした意見、根拠は、その小論文を読む人の多くが共感することでしょう。

手順5　小論文攻略の型に当てはめて主張をまとめる。

この課題は、三段構成**意見提示型答案**のパターンでまとめます。

序　論…自分の意見を明確に提示する。

まず、設問に提示された状況に対して普段の生活を振り返り、カタカナ語の使用に賛成か反対か、自分自身の立場を明らかにします。

⇩　私は「カタカナ語」を多用する現状について賛成の立場を取る。なぜなら国際化が叫ばれている現在、日本語だけの使用にこだわっていては、日本は世界から取り残されてしまうと考えるからだ。

本　論…意見を支える具体例を挙げて理由付けをする。

次に、なぜ、そのように考えたのかを示していきます。その際、身近な具体例を一つ挙げて自分の意見の根拠とします。

⇩　例えば「プレッシャー」という言葉がよく使われる。これを「精神的重圧に負けるな」と言うより「プレッシャーに負けるな」と言うほうが、ずっと分かりやすいし伝わりやすいはずだ。

結　論…前向きに、全体をまとめる。

全体をまとめ、今後どうすべきかについて、前向きで具体的な自分の考えを加えます。結論は序論と同じというスタンスを忘れないことが大切です。

⇩　日本のインバウンドもコロナ禍前には二〇〇〇万人に迫ろうとしていた。そんな時代にはたとえカタカナ語の形であっても、言葉の中に外国語を豊富に取り入れることは、より国際交流に役立つはずだ。ゆえに私は「カタカナ語」の多用に賛成である。

■高校生の答案から

私はカタカナ語の多用に賛成だ。カタカナ語は、今とても必要なものだと考える。国語の授業では古文を学んできた。その古文では、今私達が使っている言葉とは大きく違う。このように言葉というも

・古文では➡古文は

のは変化していくものである。それと同じようにカタカナ語が多用されてきていることは普通のことなのではないだろうか。さらに現代ではコンピュータがよく使われている。コンピュータの説明書を見てもカタカナ語、コンピュータの表示でもカタカナ語が多く見られる。今の時代必要とされているコンピュータにカタカナ語が多く使われているように、カタカナ語は必要とされているのではないだろうか。反対論の中にはカタカナ語は英語習得の妨げになるという意見もあるが、自分は、カタカナ語で英単語を覚えることができたものもあるため妨げにはならないのではないかと考える。さらにもう一つ、ついていけないという意見がありますが、私達はこのカタカナ語多用についていかなければならないのではないでしょうか。そのためにも日々の情報などからカタカナ語力を高めていく必要があると考える。

以上のことから、今の日本ではカタカナ語は必要なのであり、私は外国語の能力を高めることのできるカタカナ語を多用している現状について賛成である。

・変化していく➡**時代とともに変化していく**
・普通のことなのではないだろうか➡**ごく普通のことなのだ**
・必要と…ないだろうか➡**時代に必要とされているのだ**
・自分は➡**私は**
・できたものもあるため妨げには➡**できたものもあるため、妨げには**
・のではないか➡（削除。）
・という意見がありますが➡**という意見もあるが**
・カタカナ語多用➡**カタカナ語の多用**
・ならないのではないでしょうか➡**ならないはずだ**

【評価】（A～E五段階評価）

〈内容〉
・課題と論点の整合性……………A
・主張の明確さ……………………B
・主張を裏付ける適切な根拠……C
・論述の客観性……………………B
・論述内容の深さ…………………B

〈表現〉
・原稿用紙の使い方………………A
・構成の的確さ……………………D
・誤字・脱字・文法の正しさ……B
・文章表現の適切さ………………C

【講評】

◎構成が二段落となっており、かつアンバランスです。六〇〇字の小論文は三段落～四段落でまとめるようにしましょう。

◎第一段落冒頭で、賛否をはっきりと示した上、簡潔に理由を述べることができています。

◎自分の意見を提示した後では、カタカナ語の多用になぜ賛成なのか、具体的に説明する必要があります。四行目に「カタカナ語が多用されてきていることは普通のこと」とありますが、これだけでは不十分です。どのように普通なのか、どのように広く普及しているのかを具体的に例を挙げて述べるようにします。六～一〇行目「コンピュータの説明書……必要とされている」の部分を具体化しましょう。平仮名や漢字だけの表記では　限界があることを示すと良いでしょう。

◎一一行目以降、カタカナ語が自分自身にとってどうであるかだけでなく、さまざまな年代の人（とりわけ高齢者）にとってどうか、社会全体にとってどうかを考えてみましょう。

◎カタカナ語が広まり、ネット社会などでなくてはならないものとなっていることを具体的に示し、反対の立場にも目配りをした上でまとめましょう。
◎文体に、常体（だ・である調）と敬体（です・ます調）の混在が見られます。小論文は常体で統一しましょう。

社会❷「フリーター」としての生き方

現在の日本におけるフリーター人口は、およそ一四三万人（二〇一八年）と言われます。

このフリーターという言葉は、「フリーアルバイター」という言葉が略されて呼ばれるようになったものです。一九八〇年代のバブル経済期の日本において、フリーターという働き方は社会に縛られていない自由な生き方と考える風潮がありました。しかし、現在ではフリーターの多さが社会問題の一つとなっており、国や地方自治体はフリーターが正社員として再雇用されるように、さまざまな政策を行っています。

問題

日本におけるフリーター人口は一四〇万人を上回っています。フリーターとしての生き方にはメリットもありますが、さまざまなデメリットもあります。フリーターになることについて、あなたは賛成ですか、反対ですか。六〇〇字以内で書きなさい。

手順1 設問が何を要求しているのかをつかむ。

設問文には、日本のフリーター人口が一四〇万人を上回っており、フリーターとして生きることにはメリットもデメリットもあるとあります。

ここでは、フリーターとは何なのかを考察し、メリットとデメリットを明らかにする必要があります。その上で、フリーターになることが本人や社会にどういう影響を与えるのかを踏まえて、フリーターとしての生き方に賛成なのか、反対なのか、あなた自身の考えを明らかにして、その働き方の是非を考えていきましょう。

フリーター…学生や主婦を除いた、パートやアルバイトで生活をしている一五歳から三四歳の「若年者」。
フリーター数…二〇〇三年⇩二一七万人（ピーク時）　二〇一八年⇩一四三万人

一般的には、年齢に関係なくパートやアルバイトで生活する人全般を指して「フリーター」と言っているようですが、内閣府によれば、学生や主婦を除きパートやアルバイトで生活をしている一五歳から三四歳の「若年者」をフリーターと定義づけています。フリーターは若年層そのものの人口減少に加え、フリーターの存在が社会問題化したことから、二〇〇三年をピークに、以降はやや起伏を繰り返しながらも全体としては減少の傾向にあります。

フリーターと類似した概念に、ニートがあります。ニートとはNot in Education, Employment or Trainingの頭文字を並べたもの（NEET）です。学校にも行かず、仕事もしていないし職業訓練も行っていない人を指して使われる言葉で、二〇一八年には七一万人を数えます。働く意思があるのならばフリーター、働く意思がまったくない人はニートに分類されます。働く意思がないだけに、ニートの存在も問題だと言えますが、ここではニート問題はとりあえず置いておき、フリーターについての考察を進めていきましょう。

●フリーターの数は減少傾向にあるけれども……

フリーター数は、内閣府の「労働力調査」によれば、二〇一八年は約一四三万人でしたが、前述したようにここ数年は減少の一途をたどっています。実際に二〇〇三年のピーク時に比べると、一五年間で七四万人も減少しているのです。

減少の理由としては、日本の労働力人口が年々減少していることがあります。労働力人口とは一五歳以上から六五歳未満の生産年齢人口のうち、労働の意思と能力を持っている人口（就業者＋完全失業者）を言います。この労働力人口が少子化により減少しているため人手不足に陥る企業が増え、以前よりも正社員としての就職がしやすくなってきているのでしょう。また派遣社員、契約社員といった雇用形態も増えてきており、フリーターでなくても自由な働き方をしながら収入を得られる手段が増したため、フリーターの道を選ぶ人が少なくなってきたということも挙げられます。しかし、減少傾向にあるとはいえ、依然一四三万人という数の多さは問題です。また、二〇二〇年以降の新型コロナウイルスのパンデミックによる世界的な経済不況により、フリーター数も再び増加に転じるのではないかとの危惧もあります。

若者が定職に就かずにフリーターになる理由を大別すれば「夢追い型」「モラトリアム型」「やむを得ず型」「ステップアップ型」の四つのタイプに分けられますが、この四タイプの中で、社会で問題とされるのはどのタイプなのかを考えてみましょう。

サマリー

フリーターになる理由

①夢追い型…あの頂の向こうに
②モラトリアム型…幸せの青い鳥を求めて
③やむを得ず型…一敗地にまみれて
④ステップアップ型…さらに高みを

①夢追い型…あの頂の向こうに

かなえたい夢があるものの、自分のやりたいことだけでは収入が乏しく、生きていくためにフリーターになるタイプのことです。いつの日かサッカーや野球などのトップ選手になることを夢見ながらアルバイト生活をしている人、音楽の世界や華やかな芸能界にあこがれて下積み生活をしており、目下の生活のためアルバイトをしている人などがこのタイプに当てはまります。

②モラトリアム型…幸せの青い鳥を求めて

モラトリアム型は「幸せの青い鳥」を探しているというたとえが分かりやすいでしょう。一度は正社員として働いた経験があるものの、自分に合わない仕事はしたくない、自分の本当にやりたいことを探すためにフリーターになったというケースです。フリーターの気楽さや自由さが良いとか、責任を伴う仕事はいやという人たち、あるいは、正社員として働いている間に心身ともに疲れてしまい、再就職する自信がないといったケースもこのタイプになるでしょう。

③やむを得ず型…一敗地にまみれて

やむを得ず型のタイプは、フリーターになりたくてなったというよりは、生活のために仕方なくフリーターをしている人たちのことです。かつて、バブル崩壊後の九〇年代は就職氷河期と呼ばれる時代でした。この時代は就職活動をしても職につくことができず、本来は正社員としての就職を希望していたものの、やむを得ずフリーターの道を選ばざるを得ない人々がたくさんいました。最も深刻な時期には、新卒の就職希望者のうち半数近くが職につけずフリーターにならざるを得ないこともあったのです。現在でも、新卒採用が主流の企業が多数を占めていますので、一度新卒の時期に非正規雇用で働き始めてしまうと、その後再就職するのが難しく、望まないながらもフリーターの時期が長期化してしまう傾向にあります。

④ステップアップ型…さらに高みを

ステップアップ型のタイプは、目指す職業につくための勉強や準備を行うためにフリーターをしている人たちのことです。例えば「弁護士」や「司法書士」「全国通訳案内士」「一級建築士」のように、その仕事に就くには難関の国家試験に合格する必要がありますが、受験勉強の時間を確保するために働く時間を比較的自由に選べるフリーターになったというケースです。

手順2 フリーターのメリット・デメリットを考える。

次に、フリーターとしてのメリット・デメリットを考えていきましょう。

●フリーターのメリット＝働き方の自由度が高い

フリーターのメリットとして、真っ先に「夢を追い続けることができる」「自由気ままに過ごせる」などが思い浮かびますが、ここでは具体的なことを挙げてみましょう。

サマリー

フリーターのメリット

①自分の都合を優先した働き方ができる。
②アルバイトの掛け持ちができる。
③責任を感じることのない気軽な仕事が多い。
④正社員より容易に仕事を辞めることができる。

①自分の都合を優先した働き方ができる。

フリーターの最大のメリットは、自分の自由な時間を取りやすいことでしょう。パートやアルバイトとして雇用されている場合は、労働時間や勤務日数といったシフトの希望を出して働くケースが多くあります。そのため、自己都合に合わせて働く時間や出勤日数を調節しながら仕事をすることができるのです。

②アルバイトの掛け持ちができる。

正社員には副業やアルバイトを禁止している企業が大多数ですが、フリーターであれば収入を増やすために、いくつかの仕事を並行して行うことができるというメリットがあります。例えば、昼間は喫茶店で働き、夕刻はレストランのホール担当や学習塾講師などというように、体力さえあればいくつかの仕事を掛け持ちして収入を多くすることも可能です。副業を重ねて経験を積むこともできるので、さまざまなことを若いうちに経験しておきたいという人向きと言えるでしょう。

③責任を感じることのない気軽な仕事が多い。

パートやアルバイトとして働いている場合は、基本的に単純作業の仕事が多く割り振られますから、仕事における直接的な責任を負うことは少なくなっています。そのため、仕事での重圧を感じることなく、気軽な気持ちで仕事を続けられるというメリットがあります。アルバイトとして長年働き続けた場合であっても、店舗やエリアの責任者のようなポジションにつくことは少ないので、重い責任を感じずに与えられた仕事に集中することができます。

④正社員より容易に仕事を辞めることができる。

アルバイトなどの雇用形態はあらかじめ契約期間が決まっていることが多くなっています。企業側としても長期間で働いてもらうことを想定していません。そのため、今ついている仕事が自分に合わないと感じた時は、自分に向いている仕事を見つけるまで、転職を気軽に繰り返すことができます。

●フリーターのデメリット＝安定した収入と社会的信用度に欠ける

日本では、フリーターの状態は自由の象徴であるとされた時期がありました。確かに、フリーターのメリットを見ると自由度の高いことが分かります。では、デメリットはどのような面が挙げられるのでしょうか。

サマリー

フリーターのデメリット

①社会的な信用がない。
②雇用が安定しない。
③昇給・賞与が望めず収入が安定しない。
④社会保障が受けられない。
⑤専門知識や技能を向上させる機会が少ない。

①社会的な信用がない。

フリーターの場合は正規雇用ではないため、雇用の不安定さや収入面などが理由で正社員に比べて社会的に信用が得られません。これはフリーターの大きなデメリットです。社会的な信用がないことで、車や家を購入する際のローンが組めなかったり、クレジットカードを作るといったことができないケースもあります。フリーターとしての収入が高かったとしても正社員として働いていないことで、安定した収入を得られない恐れがあるとして信用度が劣ってしまうのです。

②雇用が安定しない。

雇用が安定しないこともフリーターとしてのデメリットでしょう。正社員の場合は法律によって雇用が保証されているため、重大な過失がない限り減給や解雇されることはありません。アルバイトなどの場合は雇用期間が定められ、契約更新をしなければそこで雇用は終了します。雇用期間を更新するかどうかは企業側が自由に決められます。そのため、業績などの企業の都合によって人員整理の対象となりやすいのです。人件費が削られる対象となるのは時給制のアルバイトからとなるのが一般的です。

③昇給・賞与が望めず収入が安定しない。

フリーターは正社員と比べると収入が少ないことが多くあります。フリーターには重要な仕事は任されません。そのため、昇給はほとんど望めませんし、加えて賞与という制度もないため、基本的に正社員より収入は少なくなります。若い時代には正社員も給与はあまり高くありませんから違いが分かりませんが、年齢を重ねるほどフリーターと正社員の給与の差はどんどんと開いていくのです。三〇歳を超えてからは徐々に差がつき始め、生涯賃金だと一億円以上の差になってしまうこともあります。収入が少ないことで貯蓄は難しくなり、結婚や出産などの将来的な計画も立てづらくなってしまいます。

④社会保障が受けられない。

日本には国民健康保険や国民年金という制度があります。基本的に日本国内に住む二〇歳～六〇歳のすべての人が国民健康保険料や国民年金保険料を納めなくてはなりません。しかし、フリーターの中には収入が少なくて納められないという人も出てきます。あるいは、「年金を払っていても、自分が高齢者になった時にもらえるかどうか分からないから払わない」という人もいます。払っていない場合は、確実に年金を受け取ることはできません。そうすると、七〇代になっても八〇代になってもアルバイト生活をしなければならないという老後の現実が待っています。

⑤専門知識や技能を向上させる機会が少ない。

先にフリーターのメリットの一つとして、正社員より気軽な仕事が多いことを挙げましたが、反面、これはデメリットにもなります。正社員が責任を持って仕事に携わる場合は、例えば営業職の場合、その店舗の運営やアルバイトなどの人員管理を任されるようなこともあるので、しっかりと働かなければ営業成績に大きく影響を及ぼします。また、責任ある仕事を繰り返していくことで自身の能力を高め、業績を上げることにつながります。しかし、フリーターの場合はその機会が少なく、専門知識や技能を向上させることができないのです。

手順3 フリーターが社会にもたらす影響を考える。

設問文には、一四〇万人を超えるフリーターの存在が大きな社会問題となっているとありますが、手順2に挙げたフリーターのメリット・デメリットをもとに、フリーターの存在が社会へもたらす影響を考えてみましょう。フリーターは個人だけの問題ではなく、社会の問題でもあることを理解することが大切です。

サマリー

フリーターのもたらす社会問題

①経済の成長が抑制される。
②国家の生産力や競争力がダウンする。
③日本が誇る社会保険制度が破綻する。

①経済の成長が抑制される。

フリーターは正社員と比べると昇給や昇格の機会はまれですし、ボーナスの支給もないケースが多いのです。そのため、学校卒業時の初任給などは正社員とほぼ同額であったとしても、年齢を重ねるごとに収入の開きが大きくなっていきます。国を支える労働力人口に低所得者が増加することによって必然的に消費は低迷し、国家は税収減という事態になります。そうすると日本全体の経済が悪化して、国としての成長は抑制されることになります。

②国家の生産力や競争力がダウンする。

フリーターの場合、仕事の多くが単純作業であったり、専門的スキルがなくてもできる仕事であったりするため、キャリアアップがしにくいという問題があります。アルバイトとして長年働き続けた場合、同世代のスキルを持った人との差がどんどん開いていくことになります。すると単純作業を繰り返す仕事を行う者が増えるので就業能力が高まらず、国全体の生産力や競争力が下がります。さらに、生活の基盤ができない状態が続くので、未婚や晩婚という人が増え、いっそう少子化を促進させることにもなってしまいます。

③日本が誇る社会保険制度が破綻する。

今後の日本は高齢化が進み、年金にかかる費用がますます増えることが確実視されています。一方で、生活に苦しいフリーターなどの非正規雇用者の中には、国民健康保険料や国民年金保険料の未納者が増えています。自分の健康保険の保険料を払っていない人は治療費が高額となるため病院に行けないこともあり、衛生面、健康面で問題になります。また、国民年金は現役世代が払った保険料を高齢者に給付するという「世代間での支え合い」の仕組みなのですが、これらの日本が世界に誇る社会保険制度は、労働力人口の減少と保険料未納者の増加で崩壊しかねないことになります。

手順4　設問とフリーター分析を踏まえて、自分の意見を決める。

フリーターとしての働き方には大きな自由度というメリットがあります。しかし、真に自由であるためには安定した収入と社会的な信用が必要です。フリーターはパートやアルバイトなどで仕事を行っているとはいえ、業務上の責任ある仕事は任されません。また、定期的に安定した収入のないことで社会的信用はあまりあるとは言えません。社会的信用は目に見えるものではありませんが、生活していく上ではとても大切なものです。

手順2・手順3で、フリーターとして生きることのメリット・デメリット、および社会への影響を概観してきました。ここまでの考察を踏まえて、フリーターとして生きることの是非について、あなたの主張をまとめていきましょう。

①フリーターに賛成か反対か、自分の立場をはっきりさせる。

②自分がなぜその立場をとるのか、客観的な理由を示す。

・**賛　成**⇩夢を追い続けることで、精神的に豊かな人生を送れる可能性がある。

・**反　対**⇩国民年金や国民健康保険料を払うなどの社会的な責任を果たすことができない（社会的問題）。将来の保証がない（個人的問題）。

③フリーターを問題だととらえた場合は改善策を示す。

手順5　小論文攻略の型に合わせて主張をまとめる。

小論文の基本形である三段構成の意見提示型答案パターンでまとめていきましょう。

序　論…フリーターに対する自分のスタンスを明らかにする。

まず最初に、フリーターとしての生き方について賛成なのか反対なのか、自分の立場や意見を提示します。

⇩　私は、フリーターとして生きていくことについて賛成だ。なぜなら、時間や組織に縛られて、やりがいのない仕事を続ける生活を送る人生よりも、将来にわたって夢のある豊かで充

実した生活を送れる可能性があるからだ。

本論…なぜその立場に立つのか、理由を示す。

次に、なぜその見解を持つに至ったのかを具体的に述べていきます。理由を示さず「フリーターに賛成（反対）」とだけ書いていては小論文として認められません。

⇩

正社員として入社した新卒の三分の一が三年以内に会社を辞めていくと言われる。理由は仕事内容が自分に合っていないからだという。私も、生活のためにやりがいのない仕事を続けることは、意味のない人生を送ることになると考える。

結論…フリーターとしての生き方の是非について、意見をまとめる。

フリーターの存在背後には社会的な原因もありますし、個人的な原因もあります。問題の改善を社会として、個人としてどうすべきか、という視点から考えてみます。

⇩

フリーターは社会的責任を果たしていないという意見もあるが、自分なりの目標を持てばそれなりの収入は可能だ。一度きりの人生なのだ。個人としての夢を追う幸せこそが優先されるべきだと、私は考える。

■高校生の答案から

私は、フリーターになることはどちらかと言えば反対だ。現在の日本は就職難などといわれ、フリーターの存在が大きな社会問題と

・どちらかと言えば⬇（削除。）

なっている。確かに、今は昔と比べても就職率が下がっていると思う。

　だが、このまま多数のフリーターが存在し続けたら大変だと思う。色々なことに問題が発生してくる。就職につけなく低賃金で暮らしていかないといけない人が増えたらさらに不景気になっていく。また、職についてない人が増えると子供を産むお金なども無く、少子化問題にも影響が出てくる。だから、フリーターの数を減らしていかないといけないのだ。

　確かにフリーターは就職して働くより楽だ。それに、辞めたかったら就職している人よりも簡単に辞めやすい。しかも、フリーターの方が気楽で自由なので就職している人よりも気楽だ。これらの理由でフリーターをしている人も多いと思う。フリーターであることが悪いとは思わないがフリーターだと家族などを養っていけないと私は思う。

　なので、私は、自分のためにも家族のためにもフリーターになることについてはどちらかと言えば反対だ。

・就職率が下がっていると思う⬇**就職が厳しい状況にある**
・大変だと思う⬇**大変だ**
・就職につけなく⬇**職につけなく**
・増えたらさらに⬇**増え、ますます**
・就職して⬇**正社員として**
・就職している人⬇**正社員**
・気楽で⬇（削除。）
・就職している人⬇**正社員**
・と思う⬇（削除。）
・フリーターで…思わないが⬇**しかし、**
・と私は思う⬇**だろう**
・なので⬇**したがって**
・どちらかと言えば⬇（削除。）

【評　価】（A～E五段階評価）

〈内容〉
・課題と論点の整合性……………A
・主張の明確さ……………B
・主張を裏付ける適切な根拠……C
・論述の客観性……………B
・論述内容の深さ……………C

〈表現〉
・原稿用紙の使い方……………A
・構成の的確さ……………B
・誤字・脱字・文法の正しさ……C
・文章表現の適切さ……………C

【講　評】

◎序論・本論・結論の構成意識がうかがえ、評価できます。
◎社会全体に目を向けて、フリーターが社会に与える問題を考えることができています。
◎序論部（第一段落）で、フリーターになることには反対だと自分の意見を示すことができました。さらに、なぜ反対であるのか、理由も簡潔に示すようにしましょう。
◎本論部前半（第二段落）で、フリーターが社会全体に与える影響について考えることができています。景気の悪化や少子化だけでなく、技術力を継ぐ人の不足や年金問題などにもつながることを指摘しておきましょう。
◎本論部後半（第三段落）ではフリーターであることのメリットに目を向けることができています。ただ、あなたはフリーターに反対の立場なので、デメリットについても取り上げるようにしましょう。
◎結論部（第四段落）では、今後フリーターをどう減らしていくべきかを考えてみましょう。具体的な方策を学校教育などとつなげて考えてみると良いでしょう。

◎表現上のことを注意しておきましょう。

①「どちらかと言えば」や「フリーターである事が悪いとは思わないが」など、自分の主張を一旦留保するような表現は避け、明確に「賛成」「反対」への姿勢を堅持するようにします。

②「就職につけなく」や「気楽で自由なので……気楽だと」のような表現のダブりが目につきます。「就職」は「職につく」の意です。

③「思う」という表現が頻繁に使われています。この表現は小論文では避けるようにします。（6～11ページ参照）

二　高齢化

日本の高齢化率は第二次世界大戦後の一九五〇年代から上昇を続け、二〇〇七年に二一パーセントを超えて「超高齢社会」に突入しました。高齢化傾向は今後も続き、二〇二五年には三〇・五パーセントに、二〇六〇年には四〇パーセントに達すると予想されています。高齢化率の上昇とともに、高齢者をめぐる生活環境の整備や介護をめぐっての解決すべきことなど、問題は山積しています。長生きするお年寄りが多いことは嬉しいはずなのに、なぜ単純には喜べないのでしょうか。

ここでは、「少子高齢化社会」と「高齢者介護」の問題点について考えていきます。

高齢化❶　待ったなしの「少子高齢化」対策

「少子化」や「高齢化」という言葉は、みなさんも毎日のように目にし、耳にしていることでしょう。少子化は人口の減少という社会基盤を揺るがしかねない問題をはらんでいますし、高齢化率の上昇は平均寿命が延びている証でおめでたいことなのですが、少子化と組み合わせて考えるとこれからの日本にとって大きな問題となってきます。

どの国も経験したことのないスピードで進む日本の「少子高齢化」は、私たち一人ひとりが考えていかなければならない問題として入試にも頻出のテーマです。未来の日本の社会や経済への影響を予測した上で、必要な対策まで考えておくようにしましょう。

問題

現在の日本の社会が抱える大きな問題として「少子高齢化」が挙げられます。あなたの考える「少子高齢化」の問題点はどのようなものでしょうか。その原因となる社会背景を踏まえながら、あなたの考えを六〇〇字以内で書きなさい。

手順1　**設問が何を要求しているのかをつかむ。**

小論文問題に対しては常に、設問文が何について、どのように書くよう求めているのか、条件となっていることを確認するようにします。この問題の場合は「少子高齢化」の問題点を論じることにありますが、その原因となる「社会的背景」を押さえることができているかどうかが問われています。

・「少子高齢化」の問題点は何か。
・「少子高齢化」の原因としての社会的背景は何か。

手順2　**「少子高齢化」とは何かを考える。**

●大幅に減少する出生数

「少子高齢化」とは、子どもの数が減る少子化と、高齢者が増える高齢化が同時に起きる現象を言います。日本では一九九〇年代から少子高齢化による社会への影響が問題視されてきました。

日本における少子高齢化

少子高齢化…総人口に占める子どもの割合が減り、六五歳以上の高齢者の割合が増えること。

少子化の現状

・**出生数**　一九四九年（昭和二四年）　二六九万六〇〇〇人（第一次ベビーブーム）
　一九七三年（昭和四八年）　二〇九万二〇〇〇人（第二次ベビーブーム）
　二〇一九年（令和元年）　八六万五二三四人

・**合計特殊出生率**（一人の女性が一生に産む子ども数の平均数）
　一九四九年（昭和二四年）　四・三二
　一九七三年（昭和四八年）　二・一四
　二〇〇五年（平成一七年）　一・二六（過去最低値）
　二〇一九年（令和元年）　一・三六

高齢化の現状

・二〇一九年（令和元年）の日本の総人口　一億二六一六万人
同年の六五歳以上の老年人口三五八八万人（高齢化率二八・四％）

二〇二五年の高齢化率　三〇・五％（推定）

🡐

高齢化社会…高齢化率　七％～　（日本…一九七〇年　高齢化率　七・一％）
高齢社会……高齢化率一四％～（日本…一九九五年　高齢化率一四・五％）
超高齢社会…高齢化率二一％～（日本…二〇〇七年　高齢化率二一・五％）

右にデータを示しましたが、まず、少子化の現状を見てみましょう。

第一次ベビーブームと言われた一九四九年（昭和二四年）は、いわゆる団塊の世代の誕生年に当たりますが、この年の出生数は二六九万六〇〇〇人でした。それから七〇年後、二〇一九年（令和元年）の出生数は八六万五二三四人となります。わずか七〇年の間に一二三万人も減少しているのです。

一人の女性が生涯に平均何人の子どもを産むか推計した数値を「合計特殊出生率」と言いますが、一九四九年には四・三二だったものが一九七三年には二・一四に、二〇〇五年には過去最低の一・二六まで落ち込みました。その後は緩やかに回復して、二〇一五年に一・四五まで持ち直したのですが翌年から再び低下に転じ、二〇一九年には一・三六にまで低下しています。四年連続の下降でした。

合計特殊出生率は二・〇八を下回るとそのときの人口を維持できないと言いますから、この数値からも日本の少子化が急激に進んでいることが分かります。

●日本は既に「超高齢社会」

次に高齢化の現状を押さえておきましょう。戦後と言われる一九五〇年代の日本人の平均寿命は男女とも五〇歳代前半でしたが、その後の医療技術の発達や食生活の改善もあり、現在ではそれよりも大きく延びています。二〇一九年（令和元年）には、男性八一・四一歳、女性八七・四五歳。前年と比べて男性が〇・一六歳、女性が〇・一三歳延びました。

六五歳以上の老年人口が総人口に占める割合を「高齢化率」と言います。その高齢化率が七パーセントを超えると「高齢化社会」、一四パーセントを超えると「化」が取れて「高齢社会」、さらに二一パーセントを超える社会を「超高齢社会」と言います。日本は二〇〇七年（平成一九年）に二一・五パーセントとなり、とうとう超高齢社会に突入してしまいました。このままいくと、二〇二五年には、高齢化率三〇・五パーセントになると推定されています。

手順3 「少子高齢化」をもたらす原因は何なのかを考える。

「少子高齢化」の原因と問題点

少子化の原因

・若い世代の就職難
・非正規雇用労働者の増加
・女性の高学歴化や社会進出

未婚・晩婚・晩産化による出生率の低下

⇦ 子どもを持ちたくても持てない社会状況。

高齢化の原因

・医学の進歩
・衛生状態・食生活の改善

↓

平均寿命が延び、死亡率が低下

⇦ 高齢化自体は望ましいことだが、少子化を伴うと問題を生じる。

〈少子高齢化の問題点〉

・子どもどうしの交流機会が減り、社会性が育まれなくなる。
・労働力人口が減少し、経済成長率が低下する。

・年金や介護保険・医療保険など社会保障制度の運用に支障をきたす。
・高齢人口が生産年齢人口を上回り、社会保障を支える労働者の負担が増える。

高齢者一人に対する生産年齢人口

二〇〇〇年　三・六人
二〇二五年　一・八人
二〇五〇年　一・二人

●仕事と育児の両立を阻む要因

少子化の直接的な要因として挙げられるのは、まず未婚化・晩婚化でしょう。二〇一九年における「五〇歳時未婚率（生涯未婚率）」は男性二三・四パーセント、女性一四・一パーセントでした。

日本人の平均初婚年齢も上昇の一途をたどっており、一九五〇年（昭和二五年）は男性二五・九歳、女性二三・〇歳でしたが、二〇一五年（平成二七年）には男性三一・一歳、女性二九・四歳に上昇しています。ほぼ六〇年ほどの間に男性は五・二歳、女性の場合は六・四歳もアップしており、晩婚化傾向は明らかです。四〇歳以上の初婚ももはや珍しいとは言えない状況になってきています。

その原因としては、女性の高学歴化や就業機会の増加などによって結婚や出産に対する意識が変化してきていることがあります。結婚しても仕事と育児の両立や子育てにかかる経済的負担などの理由から子どもを産まないというケースも少なくありません。

しかし、ここで注意しなければならないことがあります。「女性が社会に出て仕事を持ち、自分のことを第一に考えるようになって結婚や出産を先延ばしにするようになった。それゆえに少子化が生じているのだ」と、短絡的に考えてはいけないということです。少子化は女性だけの問題ではありません。その背景に、働く女性が仕事をしながら子どもを産み育てたいと望んでも、仕事と育児の両立を阻む社会的要因があるのだということを考えることが大切です。

●経済への大きな影響

少子高齢化がもたらす問題として、まず経済への影響が考えられます。働く世代の人口が減れば、企業は人手不足になり生産活動が滞ります。消費が活発な若い世代の人口が減少するわけですから、売り上げも落ちて経済成長率は低下します。また、介護保険や医療保険、年金など、社会保障の費用は働く世代が負担する税金や保険料で大半をまかなっているのですが、高齢者が増える一方で支え手である若年層が減ると、そういった社会保障制度の運用にも支障が出てきます。

高齢者を支える一五歳～六五歳未満の人口層を生産年齢人口と言います。高齢者一人に対する生産年齢人口は、二〇〇〇年には三・六人でした。それが二〇二五年には一・八人に、二〇五〇年には一・二人になると予測されています。つまり、かつては一人のお年寄りを働く世代の人たち三～四人で支えていたのですが、遠からず、働く世代の一人が一人のお年寄りを支えなければならない時代が来るということです。このことからも少子化対策が急務だということが分かると思います。

手順4　「少子高齢化」問題の解決策を提案する。

「少子化をもたらす社会的背景」

〈女性の社会進出をはばむ男女格差（二〇一九年三月現在）〉

・男女の固定的役割　⇩　「男は仕事、女は家事・育児」という社会の風潮

・女性の社会進出　⇩　日本の企業の管理職（課長以上）⇩　一二・一パーセント

日本の国会議員

衆議院＝一〇・二パーセント（四七人）

参議院＝二〇・七パーセント（五〇人）

日本の男女格差＝一五六か国中一二〇位（「二〇二〇年世界経済フォーラム」報告）

・女性の能力を生かすことのできない社会＝男性を酷使する社会

⬅

〈女性が働きやすい環境整備への提言〉

・男性の育児休暇取得の義務化を。

・保育所の増設・企業内保育所の新設を。

・産科・小児科医療の充実を。

・出産や子育てに関わる費用の助成を。

・子育てへの地域のサポート推進を。

〈高齢者が多様な働き方のできる場を〉

・高齢者の豊富な知識　⇩　その経験を活かして再び社会の支え手に。
・高齢者の労働人口増加　⇩　六四歳以下の負担を軽減し生産性を高めることに。
・高齢者の就労の確保　⇩　健康維持、生きがいや社会での居場所・役割の創出に。

●先進国の中で最低水準の「男女格差」

手順3で考えた原因や背景を踏まえて、少子高齢化問題を解決する方法を考えましょう。解決策の提示の際は、「私たち一人ひとりが気をつけるべきだ」というような抽象的な解決策では何をどうすれば良いのかが見えてきません。個人、行政、企業、地域などがどう取り組むべきか、具体的な提案をするようにしましょう。

この設問の場合では、結論として少子高齢化の社会的背景に対する対策を述べます。まずは、女性が子どもを産み育てやすい社会にすることが必要です。

スイスのシンクタンク「世界経済フォーラム」が公表した二〇二〇年版「男女格差報告」によれば、日本の男女平等の度合いは一五六か国のうち一二〇位でした。この報告は、それぞれの国の進学率や賃金の男女差、企業幹部の男女比、国会などの男女比を分析・評価したものですが、日本は先進国の中では最低の水準なのです。

●女性の仕事と子育ての両立こそ

かつての日本では、「家事・育児は女の仕事」という家庭における男女の固定的な役割分担がごく当たり前のこととされてきました。育児から老いた親の介護まで家庭内のすべては女性の役割とされ、男性が育児等に関わるケースはごく稀のことでした。女性が仕事を持つことが普通のこととなった現在でも、個人の意識や社会の仕組みは変わっていないようにも思えます。このような状況下では、子どもを産み育てることを躊躇してしまう女性が多いこともうなずけようというものです。

少子化対策には、働く女性の仕事と子育ての両立こそが最も大切だということを考えてみましょう。家庭における男女の固定的な役割分担や、女性の社会進出・社会的地位向上を阻む現状をどのように打破していくかを考えてみます。

子どもを持つか持たないかは個人の自由なのですが、現実には望んでも持てない人が増えています。経済的に不安定な非正規雇用が増えたことや、長時間労働で仕事と子育ての両立が難しいことが背景にあります。子育てしながらも働ける職場が増えれば、女性が活躍しやすくなるはずです。女性が仕事と育児をうまく両立できれば、少子高齢化問題の解消だけでなく、その労働力は社会の活性化に大きな役割を果たすことになるでしょう。

男性側も、女性の能力を活かすことのできない社会は、すなわち男性を酷使する社会でもあるのだということを認識するべきです。

●高齢者の能力を再活用する方法を

高齢者にもできるだけ長く働き、社会保障を支える側に回ってもらうことが必要です。そのため、生き方に合わせて多様な働き方ができる仕組みを作ることが求められます。

超高齢社会対策として、国も手をこまねいているわけではありません。二〇一二年には「高齢者雇用安定法」が改正されて、六〇歳の定年に達した従業員の希望者全員を六五歳まで雇用することが義務づけられ、さらに二〇二一年には「七〇歳まで」を企業の努力義務とする旨の再改定がなされています。労働力人口が急激に減少する中、定年延長や高齢者の再雇用が進めば、その豊富な知識や経験を活かし、高齢者が日本社会の重要な支え手となることが期待できます。

また、働く場の確保は高齢者の健康維持につながりますし、生きがいや社会での居場所・役割の創出にもつながるでしょう。少子高齢化の問題を解決するカギは、女性の社会参加とともに働く意欲のある高齢者の活用にあると言えます。

手順5 小論文攻略の型に当てはめて主張をまとめる。

小論文のまとめ方は、序論・本論・結論の「三段構成」が原則ですが、その答案作成法に二つのパターンがあるということは既に述べた通りです。ここでもう一度確認しておきましょう。

① **意見提示型答案**（自分の意見を中心にまとめる）「意見⇩理由⇩意見の確認」
② **問題解決型答案**（決められた問題を解決する方向でまとめる）「現状⇩原因⇩解決策提示」

この問題例の場合は、**意見提示型答案** **問題解決型答案**のどちらのパターンでも可能です。

〈意見提示型答案の場合〉

序　論…自分の意見を提示して、問題に対するスタンスを明らかにする。

まず最初に、設問に対する自分の意見を簡潔に提示します。少子化と高齢化が組み合わされたときに見えてくる社会問題を考えてみます。

⇩　超高齢社会にある日本は、労働力人口の減少とあいまって急激な経済成長の低下という危機にある。私は、この問題解決のためには意欲ある高齢者の労働力活用とともに、女性の労働力の活用こそが必要だと考える。

本　論…具体例を挙げて、なぜその立場に立つのか、理由を示す。

次に、なぜそのような意見を持つに至ったのかの理由を示します。その際、自分の経験したことや見聞きしたことを挙げて、読み手を納得させましょう。

⇩　私には、共働きをしつつ子育てに励む姉がいるが、仕事と家事に加え、育児をする大変さを日常目にしている。……この国における女性の立場は、参政権を得て七十年経った現在もなお旧態依然としているように思える。

結　論…意見を再確認して、前向きにまとめる。

序論で提示した意見を意識した結論となっていることが大切です。そして、より良い社会が築かれることを願う前向きのまとめとします。

⇩　日本の社会にある「家事・育児は女の務め」という根深い固定観念を払拭しなければ日本

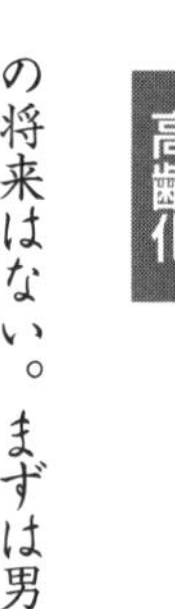

の将来はない。まずは男性も育児に参加し、女性が家事・育児で疲弊してしまうことのないようにしなければならないと考える。

⬅

〈問題解決型答案の場合〉

序　論…身近な少子高齢化の現状を示す。

設問文に指示された「少子高齢化の問題点」の考察を通し、自分が最も強く主張できる問題の項目を選んで提示します。

⇩

少子高齢化問題は、現在の日本が抱える最大の問題である。私の住む地域でも幼い子どもたちの遊ぶ姿を見ることはめったにないし、生徒減で小学校が統合されるなどして少子高齢化を実感する。問題の根幹は少子化にあるのだ。

⬅

本　論…その問題をもたらした原因を考える。

本論部は序論で提示した問題点の原因や背景を考察するパートです。ここでは読み手が納得するような具体例を挙げて論じることが大切です。

⇩

私は、子育てに必要な環境が整っていないことがその原因だと考える。特に「育児は女性がするものだ」という固定観念が根強く残っており、働く女性の負担が大きくなっていることが問題である。

⬅

結　論…問題解決に向けて、具体的な対策を提示する。

結論部は解決策を提示するパートです。序論で示した問題について、どのような方法で解決していけば良いのかを具体的に提案してみましょう。

⇩　少子化の問題を解決するには、男性の育児参加がカギとなる。そのためには、企業の男性の育児休暇取得を義務化して女性の出産・子育てを支援すべきである。女性が仕事と子育てを両立できる社会こそ、少子高齢化問題を解決すると考える。

■高校生の答案から

日本社会が抱えている問題の一つの「少子高齢化」はもっと日本全体が深く考え、なおしていくべき問題だと思う。

「少子高齢化」になってしまった原因は、時代の進歩にも関係していると思う。昔は、女性のほとんどが仕事より家庭を優先し、専業主婦となっていたため、結婚し子供を産む人が多かった。それに、医療もそんなに発達しておらず、病気になれば助からない命も多かった。だが、時代の変化により、今では仕事につく女性が増え、未婚のまま子供も作らずに生涯を終える人も少なくはない。だから、子供はどんどん減っていってしまう。だけど、医療はどんどん進歩しているので助かる命が増え、高齢者が長生きしますます高齢化が

・なおして➡**改善して**
・問題だと思う➡**問題だと考える**
・になってしまった➡**をもたらした**
・と思う➡（削除。）
・そんなに➡**それほど**
・少なくはない➡**少なくない**
・だけど➡**一方**

進んでいる。

「少子高齢化」は、若い世代が減り、年輩者が増えるということなので、次の時代を担う者がいなくなってしまうということである。そうすると、高齢者がむりして働かなければいけなくなってしまったり、一人の子供に対するプレッシャーが増えるので、みんなが苦労することになるなどいろいろな問題がある。

「少子高齢化」を少しでも良くするため、みんながしっかりと結婚し、一人でも多くの子を産み少子化をなくすことが大切だ。そのためにも、日本全体が「少子高齢化」という問題を意識していく必要があると私は考える。

・年輩者➡高齢者
・一人の子供➡若年層
・増えるので➡増えたりするので
・問題がある➡問題が生じる
・良くする➡改善する

【評　価】（A～E五段階評価）

〈内容〉
・課題と論点の整合性…………A
・主張の明確さ…………B
・主張を裏付ける適切な根拠…C
・論述の客観性…………B
・論述内容の深さ…………C

〈表現〉
・原稿用紙の使い方…………A
・構成の的確さ…………C
・誤字・脱字・文法の正しさ…B
・文章表現の適切さ…………C

【講　評】

◎答案全体から、「少子高齢化」の問題点を正しく理解していることがうかがえます。

◎序論部（第一段落）は少子高齢化の問題点を押さえるパートです。第三段落で述べていることを序論としてまとめるようにしてみましょう。

◎本論部（第二段落）では、少子高齢化の「原因」について社会的な背景から考察できています。さらに、仕事を持つ女性が、子どもを「産みにくい、育てにくい」と感じていることも原因の一つとして挙げて本論部としてまとめるようにしてみましょう。

◎結論部（第四段落）で「対策」を示そうとしていますが、「問題を意識していく必要がある」という結論では具体的ではなく、説得力がありません。「結婚して子どもを産む」だけにとどめずに、「結婚して子どもを産み、育てたい」と思えるような環境を作るためにどうするか、行政や企業、あるいは地域社会は何をすべきか、具体的な対策を考えて提示しましょう。

◎表現上の注意点です。

一五行目に見られる「働かなければいけなくなってしまったり、」の「たり」は並列の助詞です。この助詞は「寝たり、起きたり」のように、同程度のことが繰り返し起こっていることを示す働きをします。したがって単独では用いずに、「…たり、…たり」と二つ重ねて用いるようにします。

高齢化❷　深刻化する「高齢者介護」

高齢化と核家族化が進む中、現在の日本社会において大きな課題となっているのが介護の問題です。とりわけ、平均寿命が延びるにつれて深刻になってきたのが高齢者介護にまつわる問題です。「介護難民」や「老老介護」「認認介護」などというあまり嬉しくない言葉も生まれました。また、ヤングケアラーと言われる若年者による介護問題もクローズアップされつつあります。介護問題は、配偶者の介護、両親や兄弟姉妹の介護、そして自分自身の老後など、誰もが当事者として関わる可能性があります。ここでは高齢者介護の現状を正しく理解し、今後どうあるべきか等、その対策を考えていきましょう。

問　題

高齢者の介護に関し、日本人には伝統的に「介護は家族が行うべきだ」という考え方があります。あなたはこの考え方をどう思いますか。また、日本における高齢者介護にはどのような問題があり、それをどのように解決していくべきだと考えますか。あなたの考えを六〇〇字以内で書きなさい。

手順1　設問文における介護の考え方への賛否を考える。

- **「高齢者の介護は家族で」という考え方**

設問では、日本における高齢者介護に関して、「家族で介護すべきだ」という考え方についてどう思うかと問うています。その考え方に対するあなたの賛否の意見を表明し、その理由を考えてみます。

〈「家族で介護」に賛成〉

・日本には、家族の問題は家族が処理するという伝統がある。

・徘徊（はいかい）や寝たきりの状況にある家族の存在を恥として、世間体を気にして隠蔽する文化的背景がある。

〈「家族で介護」に反対〉

・高齢者の割合は増加する一方であるのに対し、少子化が進めば介護する人手が足りなくなる。また、高齢化が進行すれば、老老介護などの悲惨な状況が生じる。

・家族に介護の必要な人が出た場合、仕事か介護かの選択が迫られるのはほとんどが女性である。仕事を選択した場合は非難にさらされかねない社会状況がある。

・被介護者とともに介護する側の家族も共倒れとなる事態が生じる。

日本には古くから「家」制度が存在し、家族の問題は家族内で処理してきた背景があります。それゆえ、「高齢者の介護は家族がやるべきだ」という考え方が根強くあるのも事実です。また、少子化の影響によって経済的に制度を支える労働力人口（一五歳以上六五歳未満の生産年齢人口のうち、労働の意思と能力を持っている人口）が減り、介護サービス利用者の経済負担が増加する状況を考えると、費用のかからない家族で介護をという考え方が増えてくることが予想されます。さらに、少子化は介護分野での働き手不足をもたらすことになります。そうなると介護サービスを利用したくても思うように利用できなくなりますから、家族で介護という考え方もいっそう現実味を帯びてきます。

一方、介護の現実は食事の世話から入浴介助、汚物処理等の身辺の世話から始まり、認知症状や徘徊が始まればゆっくり睡眠をとることも難しい状況になります。医療が発達した現在は、それが何年にもわたって同じ状況が続くことになります。その長い介護生活を想像すると、介護は家族で行うということには、簡単には賛成できないとする考え方にもうなずけます。

手順2 自分の視点で「高齢者介護の問題点」を考察する。

設問はさらに、高齢者介護にはどのような問題があり、どう解決していくべきかを答えることを要求しています。高齢者をめぐる介護には複雑でさまざまな問題があります。あなたの家族での経験や新聞・テレビ等で報道されていることから、高齢者介護の問題点を考察してみましょう。

サマリー

高齢者介護の問題点

①介護難民…施設でも家庭でも適切な介護を受けることができない高齢者。
②老老介護…高齢者が高齢者を介護しなければならない事態で共倒れ。
③高齢者の虐待…介護する家族を襲う出口のない介護ストレス。
④高齢者の一人暮らし…認知症や孤独死につながる危険性。

①介護難民…施設でも家庭でも適切な介護を受けることができない高齢者。

「介護難民」とは、介護が必要なのにもかかわらず施設に入所できないだけでなく、家庭においても適切な介護を受けられない高齢者を指します。日本の総人口は減少しているのですが、六五歳以上の高齢者は年々増加しています。高齢者の増加に伴い、要支援・要介護認定を受ける人の数も増加しています。厚生労働省の発表によると、二〇〇〇年には二五六万人だった認定人数が、二〇一九年には六五六万人にまで増えているのです。

要介護の高齢者が増える一方で介護労働従事者が不足していることも介護難民が増えている理由に挙げられます。「従業員が不足している」という介護事業所は全体の約六割にも及ぶ状況なのです。

②老老介護…高齢者が高齢者を介護しなければならない事態で共倒れ。

「老老介護」とは、高齢者が高齢者を介護することを意味します。高齢の夫婦間や兄弟姉妹間での介護、高齢の子どもがさらに高齢の親や身内の介護をするというケースです。また、「認認介護」という言葉もあります。これは、介護する人と介護される人の両方が認知症を発症しているケースです。医療の進歩で日本人の平均寿命は延びています。その一方で、核家族化が進み、高齢者夫婦の世帯でどちらかに介護が必要になれば、残されたどちらかが面倒を見ることになります。そうして暮らしているうちに、双方が認知症を発症すると、認認介護になってしまいます。老老介護、認老介護、さらには認認介護などの状況から、無理心中という暗いニュースを耳にすることもあります。

③高齢者の虐待…介護する家族を襲う出口のない介護ストレス。

二〇一九年秋、短大を卒業して幼稚園教諭として職についていた女性が、同居する祖母を殺害するという事件がありました。彼女は親族の都合で認知症の祖母と二人で暮らし、介護を一人で担っていました。毎日の食事、排泄の世話をし、深夜の散歩にもつき合い、一日の睡眠時間は二時間ほどだったそうです。社会に出たばかりの余裕のない時期、仕事と介護の両立に苦しみ、思い余って殺害してしまったという哀しい事件でした。「介護で寝られず、限界だった」という女性が最後の一線を越える前に、苦しむ彼女に手を差し伸べられる人はいなかったのでしょうか。

殺害に至らないまでも、家庭や介護施設において高齢者が虐待を受けるという現実もあり、大きな問題となっています。介護には「介護うつ」という言葉も生まれるほど、家族などの介護者に負担となります。夜も昼も目の離せない介護のために睡眠不足になり、自分のための時間も休日もない生活。いつになったら解放されるのか分からない、そういう出口の見えない介護のストレスから高齢者への虐待が生じているのでしょう。

④高齢者の一人暮らし…認知症や孤独死につながる危険性。

介護では、核家族化が進み、高齢者が一人で暮らすことになって生じる問題もあります。「認知症」と「孤独死」です。認知症になると一人で日常生活を営むことが困難になります。一人で暮らすことで、生活レベルの低下のみならず、近隣住民とのトラブルを招くことも少なくありません。さらには、犯罪や火事、事故など命に関わる事態に巻き込まれる危険性もあります。また、誰にも気づかれることなく死に至る「孤独死」も、高齢者の一人暮らしでは切実な心配事となっています。

手順3 自分なりの解決の方向性を考える。

設問文にあるように、高齢者介護では、多くの日本人がいまだに家族で介護しようという意識にとらわれています。「手順2」の考察を踏まえて、この問題を解決するためにどうすべきか、「意識改革」と「制度充実」の両面からできることを具体的に示して、解決の方向性をまとめるようにしましょう。

サマリー

『高齢者介護』解決の方向性

①介護者を孤立させないケアを…介護の問題を介護者一人に抱え込ませない。
②社会のサポートを活用する…周りの人や行政の助けを借りる。
③「世間体」を変える意識改革を…高齢者の介護は家族だけの問題ではない。

①介護者を孤立させないケアを…介護の問題を介護者一人に抱え込ませない。

高齢者介護の場合に問題となるのは「老老介護」や「認認介護」など、介護者も被介護者も高齢者という場合が多いのですが、近年は先に挙げた女性のように、若年者や一〇代の子どもが介護者というケースも増えてきています。総務省の統計にもとづく分析によると、通学や仕事をしながら家族を介護する一五歳〜一九歳の子どもは、二〇一七年時点で三万七〇〇〇人もいることが分かりました（二〇二〇年、毎日新聞分析）。こうした子どもは、家族の介護負担が過度になれば心身や学校生活に影響が出かねません。事実、進学や就職などの人生の選択肢を狭めてしまうことも少なくないのです。「ヤングケアラー」と呼ばれるこういう若年者や子どもたちが支援を受けられずに周囲から孤立することのないよう、教師や学校関係者が状況を把握して支援につなげることが望まれます。

高齢者介護は誰もが無縁ではいられない問題です。介護される側だけでなく、介護する側に目を向けることが、より大切になってきているのです。

②社会のサポートを上手に活用する…周りの人や行政の助けを借りる。

高齢者介護では、周りの人に状況を把握してもらうことが大切です。介護者が一人で悩んでいるだけでは、情報を集めるのも難しいでしょう。他人の手を借りたり、家族を施設に入れたりすることに罪悪感を覚える人がいますが、そういった意識こそが介護を危険な状況に追い込むことになります。高齢化と核家族化が進んだ現代社会では、他人や行政の助けを借りてこそ、健全な介護を行えるのです。

厚生労働省は、「社会全体で高齢者を支えよう」という提言をしています。地域密着型で高齢の要介護者をケアしていこうという考え方です。高齢者と社会との接点があれば、何か起きたときに誰かが気づいてくれる可能性が高まります。困ったときは、親戚や地域、そして行政に相談するのが、深刻な状況にならないためにも大切なことでしょう。

③「世間体」を変える意識改革を…高齢者の介護は家族だけの問題ではない。

高齢者介護のあり方として、主として公の支援を受け、家族は精神的つながりを担当する方向にいくことが望ましいのですが、現実には「介護は家族がやるべき」という人間の意識を変えることはなかなか難しいものです。高齢者介護は家族だけの問題ではないのだと意識を変えるためには、小・中学校段階における啓発教育も必要でしょう。さらにはボランティア活動や地域のお年寄りとの交流などを通して、早期に介護の現状を学ぶ手立てなども考えてみましょう。

手順4　小論文攻略の型に当てはめて主張をまとめる。

この問題は、**問題解決型答案**のパターンでまとめましょう。

序　論…高齢者介護の現状を押さえる。

要介護の高齢者が増えるにつれ、さまざまな問題がニュースをにぎわせています。まずは、設問文とともに、ニュース等から知り得る介護の現状を押さえます。

⇩　設問文によると、日本では「高齢者介護は家族がすべきだ」という意識が強いという。私は、この考え方に反対だ。安易に「家族で」と言うが、こういう考え方が「介護うつ」や「高齢者虐待」などの悲惨な状況を生み出しているのだ。

本　論…介護問題の原因・背景を考察する。

社会問題と言われるような悲惨な高齢者の介護問題がなぜ起きるのか、その背景を説明していきます。

⇩

いきおい、介護の負担は家族にのしかかりがちだ。核家族化が進む現状のもとで家族が介護者を抱え込むと、虐待などの悲惨な状況に陥りかねないことは容易に想像できる。介護は家族の問題ではなく社会の問題と捉えるべきなのだ。

結　論…具体的な対策を提言する。

結論部では、自分なりの具体的な対策を考えて提案します。個人の意識の面、さらに制度の面からも考えてまとめましょう。

⇩

介護は家族で行うべきという、いわゆる「世間体」を変えなければならない。そのためには学校教育やボランティア活動などを通じて啓発教育を行うべきだ。また、地域社会で介護における協力体制を築く方策を考えることが大切だ。

■高校生の答案から

私が住んでいる町は高齢者が多い。周りの世帯を見ても、若い人は少ないように思える。そういうわけで、町ではデイセンターをよく見かける。私も中学生の時、奉仕作業として体験に行ったことがあるが、そのとき自分には介護は無理だと思った。今でも変わらな

・そういうわけで ➡ そのせいか
・今でも変わらない ➡ **今でも変わらない**その思いは

い。

そもそも、高齢者の介護というのは非常に大変だ。赤子の世話より大変かもしれない。寝たきりだったりすると、食事に着替え、排泄に入浴と、生きていくのに必要な全ての世話を相手を優先して行わなければならないのだ。当然仕事と両立などできやしないし、自分の生活もままならない。そう考えると、自宅での介護は非現実的であり、その結果介護相手を介護の辛さのあまり殺してしまったというニュースも年に数回聞く。それでも自宅での介護をする人が多いのは、地域の目や根本的な日本人の考え方によるだろう。自宅介護でないイコール非情という考え方が常識のように浸透している。よって、世間体を気にする日本人は自宅介護を選ばざるをえないのである。こうした状況を打破するにはそういった考え方を変えることが必要だ。とはいえ、個人の力では無理があるため、国全体で取り組む必要がある。マスコミを使ってテレビで自宅介護の大変さを呼びかけてもいいし、自治体でそういった資料を各家庭に配布してもいいだろう。もちろん、すぐには変化は訪れない。しかし、くり返すうちにいい方向へと変わっていくに違いない。

・相手を➡**介護相手を**
・できやしないし➡**できないし**
・ニュースも年に数回聞く➡**ニュースが多いのもうなずける**
・よるだろう➡**よるのだろう**
・自宅介護でないイコール非情➡**自宅介護をしないのは薄情だからだ**
・よって➡**だから**
・こうした状況を➡（ここで改行しましょう。）
・そういった考え方➡**介護は家族でという考え方**
・そういった資料➡**高齢者介護のあり方に関する資料**

【評　価】（A～E五段階評価）

〈内容〉
- 課題と論点の整合性……………A
- 主張の明確さ……………………A
- 主張を裏付ける適切な根拠……B
- 論述の客観性……………………A
- 論述内容の深さ…………………B

〈表現〉
- 原稿用紙の使い方………………A
- 構成の的確さ……………………C
- 誤字・脱字・文法の正しさ……B
- 文章表現の適切さ………………C

【講　評】

◎全体が二段落構成ですね。六〇〇字の小論文では、序論・本論・結論を意識し、三段落～四段落構成でまとめましょう。

◎序論部では、あなた自身の経験を挙げながら問題を考えることができており、評価できます。

◎本論部では、家族で介護することが難しい理由を具体的に説明できています。さらに少子化で家庭内の人手が不足していること、女性だけに介護の負担を負わせるのは現実的でないことなども理由として挙げられます。また、あなたの挙げる「地域の目」や「日本人の考え方」が、介護福祉に関する社会制度の遅れにつながっていることなどに触れると、論に深まりが出ます。

◎第二段落の一一行目「こうした状況を」で改行し、結論の段落としましょう。意識改革の必要性とともに具体的な提言もできています。学校教育の中であなたが経験したような「奉仕活動」を提言に加えてもよいでしょう。

三　情　報

インターネットの普及により、時間的・地理的な制約を受けることなく遠方の人とのコミュニケーションや情報発信が可能となり、その利便性は計り知れないものとなっています。しかし、一方では新技術の開発に伴い、「情報リテラシー」と言われる情報の収集・判断・評価・発信の能力や、情報を取り扱うにあたってのマナーやルールの理解も求められています。ブログ（日記型サイト）やSNS（ソーシャル・ネットワーキング・サービス）などによって情報の発信者と受信者の間に交流が生まれることのある反面、匿名性を悪用した誹謗（ひぼう）中傷も後を絶ちません。ここでは、インターネット情報の信頼性と、ソーシャルメディアとの付き合い方について考えていきましょう。

情報❶「インターネット情報」と信頼性の関係

インターネット上で、誰もが自由に利用できる百科事典として「ウィキペディア」があります。掲載項目数も膨大です。通常の事典と違うのは、専門家でなく誰もが内容を編集できるということが最大の特徴です。そのため最初は間違いが多いとしても、不特定多数の人々により修正され、事典として洗練されていくことが期待されているのです。

ネットにはさまざまな情報があふれています。まず、「ウィキペディア」を通して、インターネット情報の信頼性を考察していきましょう。

問題

次の課題文は、誰もが自由に参加できるインターネット上の百科事典「ウィキペディア」について述べたものです。あなたは、インターネット上の情報をどのように扱うべきだと考えますか。あなたの考えを六〇〇字以内で書きなさい。

ウィキペディア（wikipedia）とは、ネット上の誰もが自由に編集に参加できる百科事典である。どの項目に対してであれ、本当に自由に、誰でも加筆修正ができる。何の資格もいらない。今思い立てば、あなたもすぐに百科事典の執筆に参加できる。ひょっとしたら大学の先生が書いたかもしれないある項目の解説に対して、あなたが勝手に加筆・修正・削除することができる。でもあなたが書いたものが、わずか数分後に、見ず知らずの誰かに加筆・修正・削除されてしまうかもしれない。

百科事典といえば、権威ある学者や専門家を集め、博識の編集者が指揮をとって作るのが常識である。むろん莫大(ばくだい)なコストがかかるリアル世界のプロジェクトだった。ウィキペディアとは、この常識を覆すいい加減さの「誰でも参加型の百科事典」で、「コストゼロ空間」たる純粋なネット空間で起きている「オープンソース現象」の一つだ。

ウィキペディア・プロジェクトは、二〇〇一年一月にスタートしたのでわずかな歴史しかない。しかし『エンサイクロペディア・ブリタニカ』の項目数六万五〇〇〇程度に対し、その一〇倍以上の八七万項目（英語）にも及ぶ百科事典が既にできあがり、日々ネット上で進化を続けている。二〇〇にも及ぶ言語ごとに百科事典が作られ始めており、日本版も一六万項目以上にそろってきた。

私は、日本のメディア企業の幹部から講演を頼まれると必ず、このウィキペディアのデモをすることにしている。ウィキペディア日本版のそのメディア企業の項目に何が書かれているかを、幹部皆に見てもらう。私は、幹部たちにどこが間違っているのかを聞き、講演会場からリアルタイムでこの項目に修正を入れてしまう。

「今ここで加筆修正している私は、ウィキペディアから見れば誰かはわかりません。ウィキペディアは、今の私を含む不特定多数無限大の人々の行為を集積することで、この百科事典を作り出す場になっているわけで、厳密に言えば、今日のウィキペディアと明日のウィキペディアは違う。日々、進化を続けているわけです」

と話すわけだが、自らが権威であるメディア企業の幹部の大多数は不快感を隠そうとしない。

こんな仕組みで出来上がっているウィキペディアは信頼に足るのか。「百科事典には絶対に一つの誤りもあってはいけない」「百科事典の各項目は、リアル世界で権威と認められた人によって書かれなければならない」というルールを適用するならば、信頼に足るわけがない。しかし果たして、それだけを物差しにしてウィキペディアを斬って捨てるのが正しいのか。間口を広げて不特定多数の知を集約し、清濁を併せ呑みながら進化を続けるウィキペディアという存在は、世界の混沌（こんとん）を映す鏡のようなものであり、実に興味深い存在である。

ウィキペディアの存在感が増すに比例し、誹謗中傷や自己宣伝の書き込みをどう防ぐかといった、より深刻な課題もこれから次々と持ち上がってくることだろう。不特定多数を巻き込むオープンさをできる限り保ちつつ、何をどう制限していくかについてギリギリの試行錯誤が今後も長く続いていくものと考えられる。

（梅田望夫『ウェブ進化論』ちくま新書）

手順1 ウィキペディアに対する課題文の内容を押さえる。

ウィキペディアの成り立ちについては筆者自身が語っています。ウィキペディアは日々進化を続け、課題文の書かれたとき（二〇〇六年）には『エンサイクロペディア・ブリタニカ』の項目数六万五〇〇〇に対し、その一〇倍以上の八七万項目（英語）にも及ぶとあります。そのときからさらに十数年経過した二〇二〇年には言語数は二五〇に、項目数も日本版では一〇〇万を超え、今なお増え続けていきます。しかし、ウィキペディアをめぐる状況（プラス面・マイナス面）は筆者の指摘時と大差ないように思われます。まずは、「世界の混沌(こんとん)を映す鏡」だというウィキペディアについての、課題文の内容を押さえていきましょう。

●筆者によるウィキペディアの信頼性評価

・ウィキペディアは、ネット上の誰もが自由に編集できる百科事典であり、日々進化を遂げている。

・本来、百科事典は、権威ある学者・専門家を集め、博識の編集者が作るのが常識。

・ウィキペディアには誤りや誹謗中傷の書き込みなどがあり、信頼に足るものではない。
・ウイキペディアのオープンさを保ちつつ、何をどう制限していくのか試行錯誤が今後も続く。

🡐

課題文の筆者はウィキペディアの仕組みについて、「どの項目に対してであれ、本当に自由に、誰でも加筆修正ができる」と説明する一方で、「信頼性」の疑わしさや「誹謗中傷や自己宣伝」といった課題にも触れています。マイナスとプラスの両面について言及していることに注意しましょう。

・**マイナス面**…百科事典としては「信頼に足るわけがない」
⇩うそや悪意のある情報も排除できないデメリットがある。
・**プラス面**…進化を続ける存在として「実に興味深い」
⇩誰もが匿名で自由に書き込めるオープンさは、情報を幅広く早く集約できるメリットとなる。

手順2　**筆者の主張を踏まえてインターネット情報の信頼性を考える。**

筆者は、ウィキペディアの情報について従来の百科事典制作のルールと照らし合わせながら、マイナスとプラスの両面に言及しています。

情報の「信頼性」という観点から、筆者はウィキペディアのどのような点を問題視し、どのような点に期待しているのかを確認し、その上で、インターネットの情報をどのように扱うべきかについてのあなたの考えを述べていきましょう。

情報の信頼性

ウィキペディア
＝誰でも自由に執筆・訂正・削除可

無責任な書き込み
↓
疑わしい情報の信頼性

従来の百科事典
＝研究者や専門家が執筆
↓
権威者による正確性と公平性
↓
情報の信頼性を保持

●インターネット上の情報の「信頼性」

一般に情報として重要な点は、内容の正確性と、どのような立場の人から見ても公平であることです。そのため、従来の百科事典では権威ある専門家が執筆し、情報としての信頼性を保持してきたのです。ところがウィキペディアは、従来の百科事典のルールから大きく外れた作り方がなされています。専門知識のない人でも無責任に情報を書き込めるので、その内容の信頼性に疑問が持たれるのです。

筆者はウィキペディアの問題点について述べていますが、この信頼性の問題はインターネット全体に共通するものだと言うことができます。例えば医療の現場では、人の命を奪いかねない深刻な問題が生じています。ガン患者がネット上の不正確な情報を信じ込んだ結果、病院での手術療法や化学療法などの既に効果が確認されている治療を中断し、効果不明の食事療法などの代替療法に傾倒してしまうといった例が少なくないと言います。

あなたは、「インターネット情報の信頼性」についてどのように考えるのでしょうか。

手順3　インターネット情報について、自分の意見を決定する。

手順1・手順2の考察を踏まえて、あなたの主張すべき内容を決めていきましょう。インターネット情報の「信頼性」をどう考え、どのように高めていくかをまとめます。

①具体例をもとに自分の意見を決める。

・インターネット上には信頼性の低い情報が含まれていること。

・SNS（フェイスブック、ツイッターなど）での誹謗中傷、虚偽情報の拡散等の問題があることなど。

インターネット上の情報を吟味することの必要性を訴える。

②インターネット上の情報をどのように扱うべきかについて、「信頼性」を高めるという観点で意見をまとめる。

・受信する側に対して

⇩複数のサイトで内容を確認する、情報源を調べるなど常に情報の真偽を疑う姿勢で臨む、など。

・発信する側に対して

⇩誹謗中傷や自己宣伝などの書き込みには厳しく対処し、悪質な場合には法的措置をとる、など。

情報活用能力を向上させるための教育の必要性を訴える。

情報活用能力は「情報リテラシー」とも「メディア・リテラシー」とも言われます。「リテラシー」とは「読み書き能力」の意で、インターネットやテレビ・ラジオ、新聞などの各種メディアの特性を理解し、情報を取捨選択して必要なものを取り出して活用する能力のことです。情報が信頼できるものかどうかを正しく判断するためには、情報を解釈・評価・利用する能力を高める教育が望まれます。

手順4 小論文攻略の型に当てはめて主張をまとめる。

この設問の場合は、三段構成 **意見提示型答案** のパターンでまとめましょう。

序　論…ネット情報について、自分の意見を提示する。

ネット情報の信頼性という観点で筆者の主張を簡略にまとめ、その上で自分はどう評価するかの意見を提示します。

⇩　筆者は、ウィキペディアの情報について、その信頼性の低さを指摘する一方で、自由に書き込めるオープンさを「実に興味深い」と評価している。私は、ウィキペディアは積極的に活用されるべきだと考える。

本　論…具体例をもとに理由付けをし、自分の意見を補強する。

序論で提示した自分の意見を裏付けるため、ネットを利用した経験などをもとに、情報の信頼性についてどのような考えを持ったかを述べていきます。

⇩　夏休みの研究課題をインターネットの情報をもとにまとめたことがある。後日、それが誤りであることを先生に指摘された。ネット情報を安易に活用することの危険性を思い知らされたが、その利便性の計り知れないことは疑いない。

結　論…意見を確認し、全体を簡潔にまとめる。

ネット情報の扱い方についての意見をより具体的に示します。情報を発信する側、受け取る側の双方に目を向けてまとめるようにしましょう。

⇩　インターネットの利用者が増えるにつれ、ネット情報の信頼性はいっそう揺らぐことだろう。しかし、活用しないという選択肢はない。利用に際しては情報の真偽を確かめる姿勢を徹底することが大切だと考える。

■高校生の答案から

私は情報収集のためよくインターネットを利用する。検索すると大抵一番上にウィキペディアが出てくる。言葉の意味などを調べる時、ウィキペディアは百科事典とは違い、あまり難しい言葉では書|

・書れて⬇書かれて

れていないので便利である。しかし、その情報が全て正しいわけではない。ウィキペディアに限らずインターネット上全てにおいても言える事だが、信頼性は欠けている。誰でも書けて便利の裏側に嘘も書けてしまうからだ。

例えばある芸能人の情報では間違った情報が書かれていた。その芸能人は「インターネットの情報を信じないで。」と言っていた。なぜなら、その芸能人本人が書いた情報ではないし、誰が書いたかわからないからである。時には古い情報のままの時もある。情報は日々変化していく。芸能人の情報に限らずである。だからといってインターネットではなく百科事典が全てと思うのは間違いである。百科事典が間違えているという事ではないが、百科事典が全てでは情報の幅を広げる事は出来ないからである。なので、インターネットの情報全てが正しいと思わず、あくまでインターネット上の情報だと理解して扱うべきだ。同じ事を調べているのに全く違う事が書かれている時もある。その時は臨気応変に対応して上手くインターネットの情報を扱えば、よりよくインターネットが活用出来ると考える。

・事➡こと（以下同様。）
・信頼性は➡信頼性に

・なので➡したがって

・臨気応変➡臨機応変

【評　価】（A～E五段階評価）

〈内容〉
・課題と論点の整合性………A
・主張の明確さ………………B
・主張を裏付ける適切な根拠…B
・論述の客観性………………A
・論述内容の深さ……………C

〈表現〉
・原稿用紙の使い方…………B
・構成の的確さ………………C
・誤字・脱字・文法の正しさ…C
・文章表現の適切さ…………B

【講　評】

◎構成が二段構成となっていますが、六〇〇字の場合は序論・本論・結論という構成のもとに三段落～四段落でバランスよくまとめます。ここでは、一五行目「なので」で改行し、以下を結論の段落としてみましょう。

◎序論部（第一段落）で、インターネット情報の全てが正しいわけではないことに触れていますが、これは課題文に示されていることでもあります。序論では、課題文の主旨を押さえた上で、自分の意見をまとめるようにします。

◎本論部（第二段落）は、序論で示した主張について、なぜそう考えるのかを説明するパートです。ここで芸能人情報というあなたなりの例が挙げられていますが、そのような誤った情報の存在が、個人や社会にどのような弊害をもたらす恐れがあるのか等について考えてみましょう。

◎結論部として第三段落を設け、今後の情報を扱う際にどのようなことを意識すべきかについて考えてみます。あなたの言う「臨機応変に対応する」とはどういうことか、より詳しく述べてみましょう。
◎表記上の注意点です。「事」という漢字表記は間違いではありませんが、「事」や「為」のような形式名詞はひらがなで表記しましょう。より読みやすくなります。

情報❷ 若者と「ソーシャルメディア」の関係

「ソーシャルメディア」とは双方向性を特徴として、情報の発信も受信も不特定の個人が行うことで形成されるインターネット上のメディアのことを言いますが、一般には、情報の発信・受信の対象をある程度限定したSNSやブログ、掲示板なども含めて呼ばれています。ここではSNSに注目して考察していきましょう。SNSの主なものには、LINE（ライン）、Facebook（フェイスブック）、Twitter（ツイッター）、mixi（ミクシー）などがあります。また、動画や音楽の投稿やゲームに特化したSNSもあります。

問題

現在の若者たちは、生まれたときからインターネットやパソコンのある環境で育ち、ソーシャルメディアを自在に使いこなしている一方で、ソーシャルメディアとの向き合い方に葛藤も抱えていると言われます。次の文章を読んで、ソーシャルメディアのあり方について、あなたの考えを六〇〇字以内で書きなさい。

現代社会は情報があふれている一方、ツイッターをはじめとするソーシャル・ネットワーク・サービス（ＳＮＳ）というシンプルに表現しなければならないメディアに若い人が集まっています。

ツイッターなどでは字数の制限があることから、余計な言葉は極限まで削ぎ落とし、目に見える形で、しかも理解しやすい表現に整理しなければなりません。この意識が過剰に働くことが、単語重視の言い切り口調に向かっている原因なのかもしれません。しかし、私には微妙なニュアンスを伝える豊かな表現方法が劣化しているようにしか思えないのです。

その一方で、若い世代には異なる傾向も顕著になりつつあります。

*デジタルネイティブの先頭集団を走る現在の大学生は、ツイッターやフェイスブックやブログなどを自在に使いこなしています。

ところが彼らの内面は非常に複雑で揺れているようです。外に向けた表現とは裏腹で、はっきりと白黒つけられないような状態にいるように見えるのです。

最近、日経ビジネスで「ＳＮＳ疲れ」という特集が組まれていました。内容としては企業がツイッターなどＳＮＳを使いこなせないという切り口ですが、雑誌の記事とは違った意味合いで、大学生に「ＳＮＳ疲れ」が現れています。

ここ数年、大学生に「若者の生きづらさの原因を述べよ」というテーマでレポートを書かせています。レポートを読むと二人に一人はこう書いています。

「ツイッターやSNSにいちいち反応してしまう自分が苦しい」

これが現代の学生の「SNS疲れ」です。使いこなせないのではなく、身近になりすぎて逃れられなくなってしまったのです。

「苦しかったら、一度やめてみたら?」

学生にそう水を向けても、やめてしまったら自分の知らないところで勝手に悪い噂を流されてしまうのではないかという恐怖があるといいます。彼らは、見ても苦しく、見なくても苦しい自分に悩んでいるのです。

若い世代は、SNSを介して人とつながることに意味と喜びを見出しています。しかし、その裏返しとして、自分がどこまでも監視されているような感覚に陥っているのかもしれません。

メールを誰かに送った場合、返事がないときは相手が忘れているか、何らかの意図があるのだろうと、ある程度の想像を働かせることができます。ところが、ツイッターでつぶやいても誰も反応してくれなかった場合、それをどう受け止めればいいのかわからないというのです。必ずしも反応を返さなくていい「ゆるさ」がツイッターの特徴です。だから反応がないのか、あるいは意図的に無視されているのかがわからない。若者たちは、反応が返ってこない原因について妄想を膨らませ、考え込んでしまうのです。

現代の若い世代の姿を見ていると、単純明快で絞り込まれた発言をする一方で、こころの中まで合理的に割り切れていないように見えます。
もちろん、悩みが多いというのはどの時代も若者の傾向ではあります。しかし、それだけでは結論づけられないほど、彼らはソーシャルメディアとの向き合い方で葛藤しています。ソーシャルメディアを自在に使いこなし、一見すると軽やかに他者とつながっているように見えますが、若者の実情は必ずしもそうとは言い切れないのかもしれません。

（『香山リカのほどほど論のススメ』ダイヤモンド・オンライン）

＊デジタルネイティブ…生まれたときから、携帯電話、パソコン、インターネットなどが普及していた世代。

手順1　課題文の内容を押さえ、論の方向性を決める。

まず、設問文が何について、どのように書くよう求めているのか、条件となっていることを確認した上で、課題文の内容を把握します。

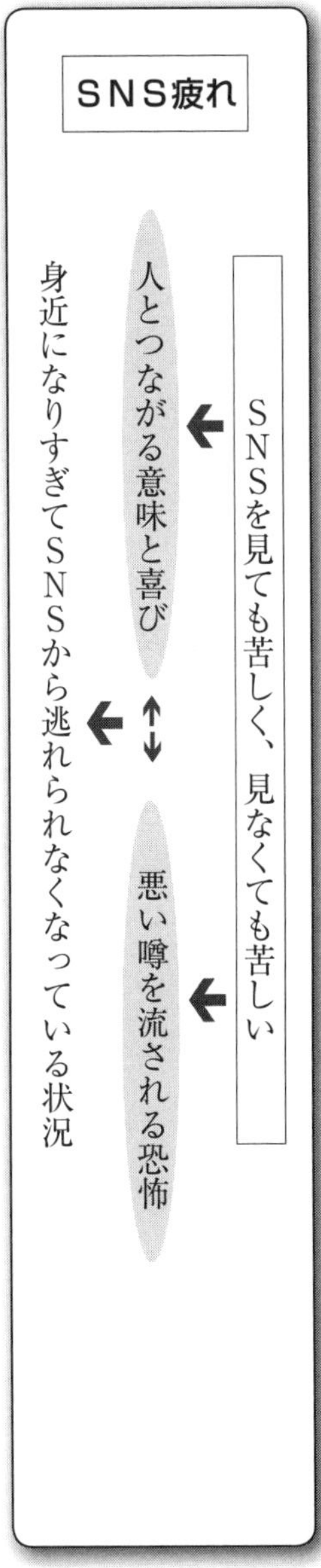

ＳＮＳ疲れ

ＳＮＳを見ても苦しく、見なくても苦しい

↓

人とつながる意味と喜び ↔ 悪い噂を流される恐怖

↓

身近になりすぎてＳＮＳから逃れられなくなっている状況

●若い世代の「SNS疲れ」

筆者は、大学生たちがSNSを自在に使いこなしていながらも、あまりに身近になりすぎてSNSから逃れられなくなっている状況を「SNS疲れ」と表現しています。彼らは、SNSを介して人とつながることに喜びを見出すとともに、SNSを見ないでいると自分のいないところで勝手に悪い噂を流されてしまうのではという恐怖も感じています。「見ても苦しく、見なくても苦しい自分に悩んでいる」若者たち。彼らは、ソーシャルメディアとの向き合い方で葛藤している、と分析しています。

筆者のSNSをめぐる若者たちの分析を受けて、あなたの意見を主張していきます。一般に課題文型小論文の場合は、筆者の主張に対し賛成・反対の意見を表明していきます。しかし、ここでの筆者は若者たちとソーシャルメディアの関係を分析していますが、筆者独自の主張を述べているわけではありません。このような場合は、解答にあたって賛否を唱える必要はありません。この課題では、若者の「SNS疲れ」という問題を自分自身にひきつけ、同じ若者の視点で「ソーシャルメディアとどのように向き合っていくべきか」という問題提起をしてみましょう。

手順2 ソーシャルメディアの問題点を考え、意見を補強する。

次に、自分の意見を補強するためにソーシャルメディアの問題点を考えていきましょう。単に、ソーシャルメディア一般の問題ではなく、「SNS疲れ」をもたらす問題だということに注意しなければなりません。自分自身や身近な人のソーシャルメディア経験、新聞・テレビ等で見聞きしたことの中から、具体例を考えてみましょう。

〈他者からの批判的反応〉 ソーシャルメディアでは、誰もが自由に情報を発信・公開できます。それを見た人が反応し、そこへさらに別の人が反応するというように連鎖的に人のつながりが続いていきます。自分の発言に他者からの反応があれば嬉しいですし、友達とつながっているという感覚を持てます。しかし、反応は好意的なものばかりとは限りません。まったく知らない人の批判的な反応に、人格まで否定されたように感じることもあります。時として、気軽に書き込んだ情報に非難・中傷が殺到し、「炎上」するケースもあります。

〈いじめ・嫌がらせ〉 ＬＩＮＥには「グループ」と呼ばれる、複数人メンバーが決まっているコミュニティのようなものがありますが、メンバーを強制的に退会させたり、仲間はずれにしたりするいじめも見られます。ジェンダーや見た目、宗教、障害、政治的信条など、人のさまざまな特質を理由にいじめのターゲットにされるケースは数多く、憂慮すべき問題となっています。

〈過剰な自己否定〉 ソーシャルメディアは多くの人とつながっているはずだという思い込みが高じると、他者からの反応がない場合に自分に自信が持てなくなったり、孤独感にさいなまれたりというような、過剰な自己否定につながるケースもあります。ソーシャルメディアは常に他者と密接につながっていなければならないという思いが強迫観念となってしまうのでしょう。

ソーシャルメディアの問題点は、右に挙げたもの以外にもいろいろ挙げることができるでしょう。総務省の調査によると、ソーシャルメディアを利用している人の七〇～八〇パーセントが「個人情報の漏洩(ろうえい)」や「個人情報の不正利用」に不安を感じているとしています。ここでの課題への解答に際しては、そうした個人情報に関する不安に注目することも考えられますが、個人の行為の良し悪しや、その問題点そのものに踏み込むのではなく、あくまでも「身近になりすぎて逃れられなくなっている」という「SNS疲れ」と結びつけて述べることが大切です。

手順3 ソーシャルメディアとどう向き合っていくか考える。

手順1・手順2の考察内容を踏まえて、ソーシャルメディアとどう向き合っていくかをまとめます。できるだけ使わないようにするというようなマイナスの方向ではなく、どのような意識で使うべきかを考えましょう。

SNSで発信する情報への反応の有無や書かれる内容は、ユーザーがそれぞれの立場で自由に行っているのがソーシャルメディアの特徴です。ソーシャルメディア上では直接顔を合わせることなく、多くの人に向けて発信するわけですから、自分の意見に賛同してくれる人もあれば、否定的にとらえる人もいるのは当然です。あまり他者の反応にとらわれないことだという視点も大切です。

また、目の前にはいませんが、ソーシャルメディアは他者とのコミュニケーションを図る場だということを考える必要もあるでしょう。人と人とをつなぐツールとしてのソーシャルメディアは、問題もありますが生活を豊かにするものでもあるはずです。

手順4　小論文攻略の型に当てはめて主張をまとめる。

この課題は、三段構成**意見提示型答案**のパターンでまとめましょう。

序　論…課題文に対する自分の意見を提示する。

まず最初に、課題文で取り上げている「ＳＮＳ疲れ」という問題点を押さえます。その上で、ソーシャルメディアに対する自分の意見を簡潔に提示します。

⇩　筆者は、現代の若者にＳＮＳが身近になり過ぎて「ＳＮＳ疲れ」が現れていると言っている。私は、多くの人の意見を知ることができ、自分も意見を発信できるソーシャルメディアはとても便利なものだが依存し過ぎは危険であると考える。

本　論…具体例を挙げて自分の意見を裏付ける。

自分の経験を振り返り、「ＳＮＳ疲れ」をもたらすソーシャルメディアの問題点を挙げて意見の理由付けとしましょう。

⇩　何でもない投稿のつもりだったが、批判的な反論の多さにショックを受けた。人により意見の違うことは当然なことだ。しかし、顔を合わせることのないソーシャルメディアでは過激な論調になりやすいことを改めて感じさせられた。

結　論…自分の意見を再提示する形でＳＮＳとのつき合い方をまとめる。

ソーシャルメディアの問題点を踏まえた上で、これからのＳＮＳとのつき合い方について前向きにまとめていきます。

⇩ ソーシャルメディア利用に際しては考え方の異なるさまざまな人がいることを意識して発信すべきだ。……ソーシャルメディアに依存し過ぎることなく、新しいコミュニケーションツールとして活用することを考えるべきなのだ。

■高校生の答案から

私はこの課題文を読んで、現代の若者がソーシャルメディアを使いこなしているように見える一方でSNSに苦しめられている側面もある、という内容に自分が共感している部分がいくつかあり、自分も「SNS疲れ」をしているのではないかと感じた。

実際、現在の高校生でもこのような情況に苦しんでいる人は多い。

例えば、私がツイッターで新しいツイートをしたときに誰かから反応があるまでは自分のツイートが気になってしまい、なかなか他のことに集中できなくなってしまうのだ。自分のツイートがどう思われているのかを、自分自身がどう思われているのかに直結して考えてしまっているのかもしれない。相手の顔が見えないことで相手の反応を悪いように想像してしまうのだ。これが若者が「SNS疲

・自分も➡私自身もまた

れ」をしている原因だと思う。しかし意外と世間は自分の想像しているようには考えていない。悩まなくてもいいことに無駄に悩んでしまうことを解消する方法を自分なりに考えてみるのもいいかもしれない。

私がデジタルネイティブの特徴として、子どもの頃からソーシャルメディアと関わっているためそれが日常となっていることがあると思う。それを少しずつ変えていくのだ。例えば一日のSNSを利用する回数を減らしていくことなど。SNSが身近になりすぎた生活から少し離れることで、若者の悩みが軽減されると思う。

・考えてみるのもいいかもしれない➡考えてみるべきだろう
・特徴➡特徴
・など➡などだ
・若者の悩みが➡『SNS疲れ』という若者の悩みは
・と思う➡と考える

【評　価】（A～E五段階評価）

〈内容〉
・課題と論点の整合性……………A
・主張の明確さ……………………A
・主張を裏付ける適切な根拠……B
・論述の客観性……………………B
・論述内容の深さ…………………B

〈表現〉
・原稿用紙の使い方………………A
・構成の的確さ……………………B
・誤字・脱字・文法の正しさ……B
・文章表現の適切さ………………C

【講　評】

◎序論部で、筆者の述べる「ＳＮＳ疲れ」を押さえているのは良いことです。さらにソーシャルメディアとどう向き合うべきかについて、自分なりの考えを簡単に述べておくようにしましょう。

◎本論部では、「ＳＮＳ疲れ」について自分の経験を例に挙げて説明することができています。

◎結論部では、本論までの内容を踏まえてソーシャルメディアとどう向き合っていくかを述べています。とても良い展開です。さらに、ソーシャルメディアがコミュニケーションツールの一つに過ぎないことを押さえ、ＳＮＳだけに頼らないコミュニケーションの必要性に言及すると、小論文の内容に深まりが出ます。

◎表現上の注意点ですが、第四段落四行目は「など。」で文が終止しています。小論文では体言止めは避けるようにしましょう。

四　人　権

人権とは、人々が生存と自由を確保し、それぞれの幸福を追求する権利です。すべての人が人間の尊厳にもとづいて持っている固有の権利なのです。その人権はしばしば空気にたとえられるように、日々の生活の中で意識されることはほとんどありません。しかし空気同様、人が生きていくためにはなくてはならないものでもあるのです。

現代の社会にはさまざまな人権問題が存在しますが、ここでは「個人情報」と「女性の人権」について考えていきましょう。

人権❶　「個人情報の保護」と「開示」のあり方

個人情報とは生きている特定の個人を識別する情報で、住所や生年月日、電話番号、家族構成からその人の評価（成績）、財産、映像などを言います。インターネットに代表される情報社会の進展で、これら個人の情報が本人の知らないうちに不正に使われたり、大量の個人情報が外に漏れたりすることが頻発するようになりました。そのため、個人情報をきちんと取り扱うためのルールとして二〇〇五年に定められたものが「個人情報保護法」です。しかし、個人情報保護法の施行以来、行政からの情報提供がされなくなり、さまざまな活動がやりづらくなったという声も聞かれます。そのため、各自治体によって情報提供の目安に関するガイドラインが定められているのですが、今なお、過度の個人情報の保護による弊害が生じているのが実情です。

問題

次の課題文は、個人情報の保護について述べたものです。今後個人情報の保護をどのように進めていくべきだと考えますか。筆者の意見を踏まえて、あなたの考えを六〇〇字以内で書きなさい。

①「地域の世話役」として知られる民生委員は、困っている家庭の相談に乗り、支援をし、行政とのパイプ役も務める存在だ。子供の健全育成を支援する児童委員も兼ね、現在、全国に二二万七〇〇〇人。一人暮らしの高齢者が増え、高齢者・児童虐待の増加も見込まれるなか、その役割は重要性を増している。

②だが、最近、民生委員の間から、「困った」という声が聞かれる。「行政職員の守秘の姿勢が厳しくなって、支援を必要としている人の情報を教えてもらえない。これでは、民生委員、児童委員としての活動ができない」というのだ。実際、どこの世帯が生活保護を受けているのか、また、そうした家庭に子供がいるのかといった情報が十分に提供されていなかったため、児童虐待を阻止できなかったケースがあるという。

③二〇〇五年四月から、個人情報保護法が全面施行され、企業や行政が守るべき個人情報に関するルールが厳しくなった。プライバシーが守られなければならないのは当然だ。だが、あまり厳格に運用され、本来、支援が受けられる人まで受けられなくなってしまったのでは、本

末転倒だ。

④行政との関係をどうするか。「民生委員法」により民生委員にも守秘義務があるが、情報の共有化をどう図るか――。こうした問題を検討するために、民生委員の全国組織「全国民生委員児童委員連合会」では有識者もまじえた検討委員会を発足させた。

⑤少子高齢化が進み、地域福祉の重要性が指摘されるようになってきた。医療・保健・福祉関係者はもちろん、地域住民やボランティア団体との協力・連携がなければ、超高齢社会を乗りきるのは難しい。その際、支援を必要とする人の情報の共有化は不可欠だが、その人の情報が適切に扱われなければならないのはいうまでもない。

⑥プライバシー保護と情報開示による利益の両立は難しい問題だが、双方を両立させる工夫が必要だ。関係者が信頼関係を築き、「支援完了後は、書類は破棄する」など、一定のルールを定めてバランスよく対応していくしかない。保護法施行を一つの好機ととらえて、関係者が知恵を絞り、暮らしやすい地域社会を築いてほしい。

（「民生委員個人情報どこまで」読売新聞　二〇〇五年四月一二日〈一部改変〉）

*段落の頭の数字は、形式的に原文に付加したもの。

手順1　**設問の要求について、課題文ではどう述べられているのかをつかむ。**

まず、課題文の内容を押さえていきましょう。

【段落のまとめ】

第①段落…民生委員の役割は、高齢者・児童虐待の増加が見込まれるなかで重要性を増している。

第②段落…行政から支援を必要とする人の情報を教えてもらえない。

第③段落…個人情報保護法のあまりにも厳格な運用は本末転倒だ。

第④・⑤段落…行政や関係者がともに情報を共有化し、適切に扱うことが不可欠。

第⑥段落…プライバシー保護と情報開示による利益を両立させる工夫が必要だ。

> 個人情報保護法が施行され、個人情報に関するルールが厳しくなった。だが、厳格に運用されることで支援が受けられない問題が生じるのは本末転倒だ。プライバシー保護と情報開示による利益を両立させる工夫が必要だ。

課題文の主旨は明らかです。「個人情報の保護と開示のバランスを取る」ことの必要性が述べられています。

手順2　個人情報保護の現状を押さえる。

デパートやネットショップで買い物をしたり、アンケートなどで名前や住所、電話番号を書いたりすることはよくあります。企業はこの買い物情報やアンケート情報を「顧客データ」としてまとめて営業に活用しようと考えます。企業にとって顧客情報に関するデータベースは貴重な財産なのです。その一方で、大量の個人情報が流出・漏洩（ろうえい）する事件が発生するなど、プライバシーを侵害する事件が頻繁に起こるようになりました。こうしたことが生じないよう、企業や行政が個人情報をきちんと取り扱うためのルールが二〇〇五年に個人情報保護法として施行されました。この法律は個人を守ることを目的とした法律なのですが、課題文にあるように運用の仕方によっては本末転倒の問題も生じてしまいます。

個人情報

・**行政が保有する個人情報**…氏名、性別、住所、生年月日、生活保護や介護状態、子どもの状況など。
・**企業が保有する個人情報**…年収、資産状況、商品購買歴、病歴など。

← （情報の流出）
商品購買の勧誘、プライバシーの侵害

← （情報共有化が不十分）
必要なところに必要な支援が届かない

この問題では、課題文を踏まえて個人情報に関するルールを考えることが要求されています。個人情報が適切に保護されないとどのような問題が生じるのか。また、個人情報のルールが厳格に運用されすぎ、情報の共有化が不十分だとどのような弊害が出てくるのか。問題を踏まえて対策を具体的に考えていきます。

手順3　個人情報の保護はどうあるべきかを考える。

個人情報の保護は、本来、その流出や漏洩、不正使用によって個人が社会的に不利益を受けることがないようにすることが目的です。しかし、原則論を振りかざし「保護」だけを推し進めてしまうと、「保護」が独り歩きをして目的を見失い、ひずみを生じる結果となってしまいます。

課題文に取り上げられたケースで重要なことは、社会福祉という目的をしっかり見据えることでしょう。支援を必要とする人の情報が関係者に共有化されることで支援が有効に機能します。そのため、プライバシー保護と情報開示による利益を両立させることが必要となってきます。ここで問われているのは、個人情報の「保護」か「開示」かの二者択一ではありません。あくまでも「保護」を前提とした「開示」とのバランスのあり方だということに注意しましょう。

個人情報保護法の制定によって、企業や行政に個人情報の適切な取り扱いが求められるようになりました。法律の制定以降は情報の漏洩を防ぎつつ、一方で、いかにして関係者間の情報共有化を図っていくかの制度の確立を考えることが求められています。また消費者側も、自分の情報は自分で管理する、不用意に個人情報を提供しない、個人情報を守る手段を知る、などの意識改革も必要となるはずです。

情報もれを防ぐ方法

↓

・情報へのアクセスの制限
・利用目的の提示
・情報の持ち出し禁止
・利用終了後の情報廃棄の徹底
など

情報の共有化を図る制度の確立

↓

情報利用の申請を審査
⇩
支援活動に貢献するかを適切に判断
⇩
情報利用の許可

手順4　小論文攻略の型にあてはめて主張をまとめる。

この課題は、意見提示型答案パターンでも問題解決型答案パターンでもまとめることが可能です。

〈意見提示型答案の場合〉

序　論…意見を提示して、課題文に対する自分のスタンスをあきらかにする。

まず最初に課題文で取り上げている個人情報保護の行き過ぎたひずみをピックアップし、その上で自分の立場や意見を明示します。

⇩　課題文では、個人情報の保護が厳密に適用されることで、支援を必要としている人に適切な対応が出来なくなっている状況が紹介されている。私は、筆者同様個人情報保護のために福祉という目的が脅かされるのは本末転倒であると考える。

本　論…自分の意見を裏付ける具体例を挙げる。

次に、自分の周りのことや見聞したことをもとに、なぜその見解を持つに至ったのかを具体的に述べていきます。

⇩　過日の新聞記事に、一人暮らしの友人が倒れたと聞き、友人のアパートを訪ねた人の話が出ていた。しかし、隣人や救急車を要請した大家も運ばれた病院を知らない。消防署に聞いても「個人情報だ」と教えてくれなかったという。

結　論…意見を確認して、まとめる。

今後の日本社会のあるべき姿にも触れつつ意見をまとめます。結論は序論と同じスタンスということを忘れないことが大切です。

⇩　個人情報保護法の目的は、個人の権利利益の保護である。だが、個人名を隠すことばかりに気を取られ、本質的な目的を忘れた対応がはびこっている。大切なのは、目的に沿った「開示」のあり方を考えていくことだと考える。

〈問題解決型答案〉の場合〉

序　論…個人情報保護の問題とされる実情を挙げる。

課題文やニュース等で知り得た個人情報保護の具体的な実情、特に行き過ぎと思われる具体例を挙げ、問題提起とします。

⇩　最近、救急搬送先の問い合わせに「個人情報」を理由に拒否されたという報道があった。企業や行政などの過度な「個人情報保護」というお題目によって必要とされる人々にまで情報が行き届かない例が相次いでいる。

本　論…過度の保護が生じる背景を考える。

個人情報保護の漏洩や行き過ぎた情報保護が生じる原因を考えてみます。企業、個人それぞれのケースを考察してみましょう。

⇩　「個人情報保護」の主たる目的は、個人が犯罪に巻き込まれるような事態を防ぐことにある。しかし、課題文の例に見られるように、現在は企業や行政側の面倒なことは避けたいという事なかれ主義が横行しているように感じる。

結　論…個人情報保護のあり方についての考えをまとめる。

個人情報の漏洩を防ぎつつ、いかにして関係者間の情報共有化を図っていくかを考えてみましょう。

⇩「個人情報」に関しては、情報の漏洩を防ぐこととともに、「情報の共有化」を図る制度の確立が大切だ。情報利用の申請の受け付けに際し、その利用内容が妥当なものか否かを吟味して情報利用の許可を与えるシステムを構築するべきだ。

■高校生の答案から

課題文では、個人情報の保護を理由に行政から情報が提供されないため、民生委員が適切な活動をできないでいる実情が紹介されている。自分は、個人情報は基本的に保護されなくてはならないと思う。しかし、そのために社会福祉という目的が果たされないとすれば、まずいことだ。大切なのは、個人情報の保護と開示することのバランスをとることだと思う。

これは、民生委員の仕事は支援を必要とする人の個人情報を知る

・自分は➡**私は**
・と思う➡**と考える**
・まずいことだ➡**本末転倒だ**
・とることだと思う➡**とることだと考える**

ことが前提になっているにもかかわらず、そのことを無視され、ただ個人情報の保護が推し進められていることによって引き起こされているのだと思う。

老人や生活保護家庭などの人に対して医療や福祉関連の支援を行っていくためには、健康状態に関する情報が必要だろう。また災害時には被災者に適切に対応するためには、住民の家族構成や連絡先などの情報も必要だ。これらのことが利用しやすい形で管理されている必要がある。

しかし、まずは個人情報がしっかりと保護されていることが大切だ。その上で情報を必要としている人のもとに届くようなシステムを作るべきだと思う。利用し終わった情報はただちに廃棄することも大切なことだ。大切なことは、個人情報の保護を前提としたうえで、目的に沿った情報の開示がなされる工夫だと思う。

・を無視され➡が理解されず
・ただ➡やみくもに
・いるのだと思う➡いるのだろう
・老人➡高齢者
・災害時には➡災害時に
・と思う➡（削除。）
・工夫だと思う➡工夫だと考える

【評　価】（A～E五段階評価）

〈内容〉・課題と論点の整合性……………A
・主張の明確さ………………A

〈表現〉・原稿用紙の使い方……………A
・構成の的確さ………………B

・主張を裏付ける適切な根拠‥C
・論述の客観性‥‥‥‥‥‥B
・論述内容の深さ‥‥‥‥‥B
・誤字・脱字・文法の正しさ‥B
・文章表現の適切さ‥‥‥‥B

【講　評】

◎構成意識のあることがうかがえ、評価できます。

◎序論部（第一段落）では、課題文の内容を踏まえて、個人情報保護のあり方についての現状が述べられ、保護と開示のバランスが大事ではないかと問題提起がなされています。とても良い導入です。

◎本論部（第二・第三段落）では、問題点は個人情報の保護がやみくもに推し進められていることにあると原因について述べていますが、過度な個人情報保護の具体例を提示できると、より説得力のある小論文となります。

◎結論部（第四段落）では、個人情報の保護を前提としたうえで、それぞれの目的に合った開示の方法を考えていくべきだという問題解決に向けての提言ができています。バランスのとれた、よい流れとなっています。

◎表現上の注意点です。「思う」という表現が五箇所使用されています。「思う」は主観的な表現（6ページ参照）ですから、小論文での使用は避けるようにしましょう。

人権❷ 「男女共同参画社会」を実現する

日本における「男女共同参画社会」を考えることは、女性の差別の歴史を考えることでもあります。かつての日本では、すべてにおいて男性優位の社会でした。「女性は家を守るもの」という性別役割意識が根強かったのです。

女性の社会進出が進む現代では、男女の性別に関係なく互いに対等な立場でそれぞれの能力を発揮することが求められています。男女格差のない社会の実現を目的とした法律も作られました。しかし、女性であるために不利な立場に置かれているという状況は、依然変わりないように思われます。

問題

次の資料1・2（次ページ）を参考にして、男女が対等な立場で働きやすい社会にするためにはどのようなことが必要か、あなたの考えを八〇〇字以内で述べなさい。

手順1 設問が何を要求しているのかをつかむ。

●国際水準に遠く及ばない日本の男女平等度

男女の差別をなくし、女性の社会参加のための環境を整えることは世界の趨勢(すうせい)となっています。日本でも、戦後の民主主義教育によって女性の高学歴化が進行し、社会進出も増加しています。一九八六年に「男女雇用機会均等法」が、一九九九年には「男女共同参画社会基本法」が施行され、制度的には一定の成果を見せています。しかし現実には、日本は世界から大きく取り残されているというのが実情です。例えば、男女共同参画社会のモデルケースとして取り上げられることの多い北欧諸国と比べると、日本の女性の労働力率は低く、女性管理職の数も少ないことが指摘されます。労働力率とは、生産活動の中心にいる人口層のことで、一五歳以上六五歳未満の人口のうち「働いている人＋完全失

資料１　日本の年齢階級別労働力率

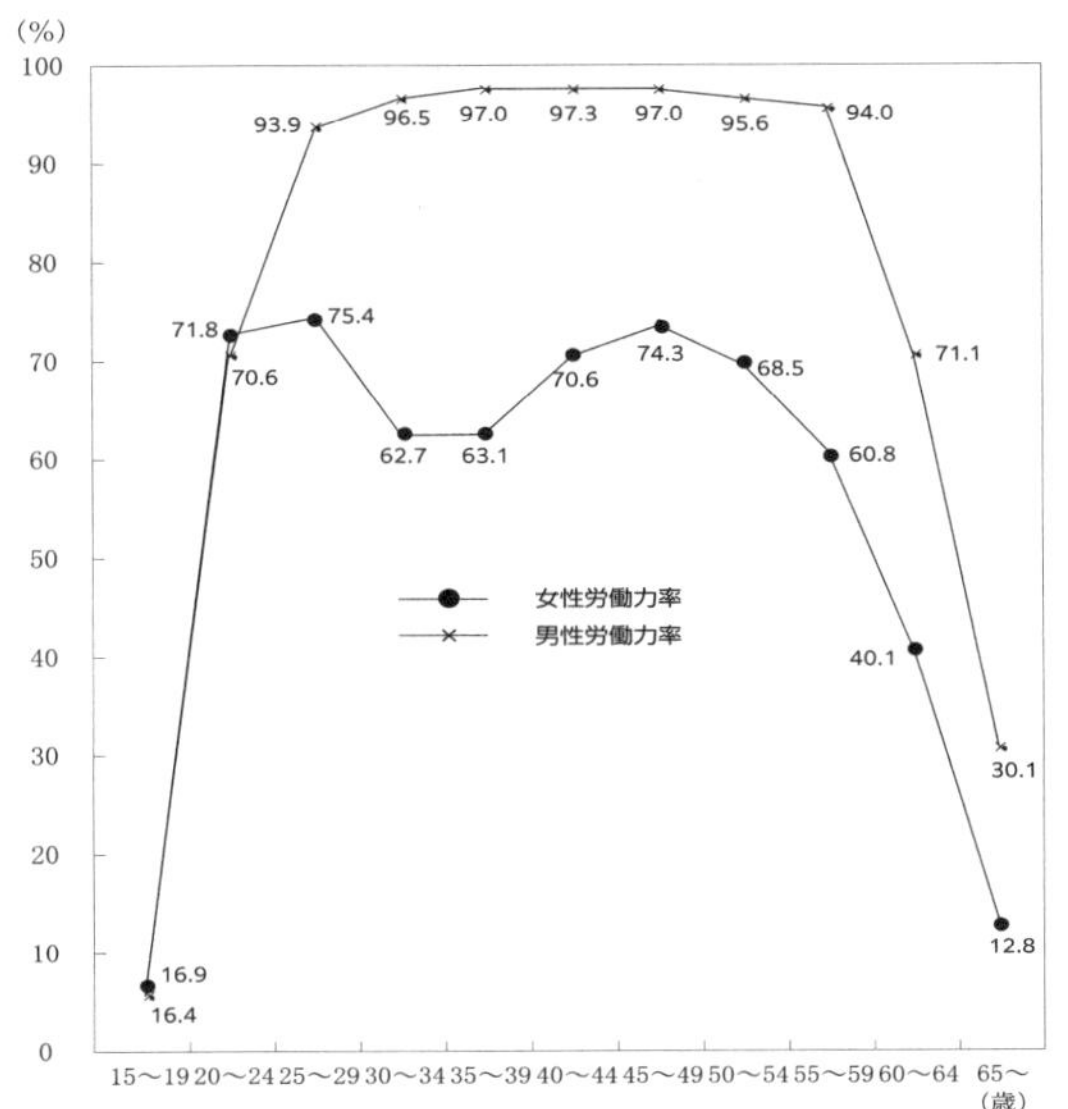

資料２　女性の就業継続を困難にする理由（複数回答）

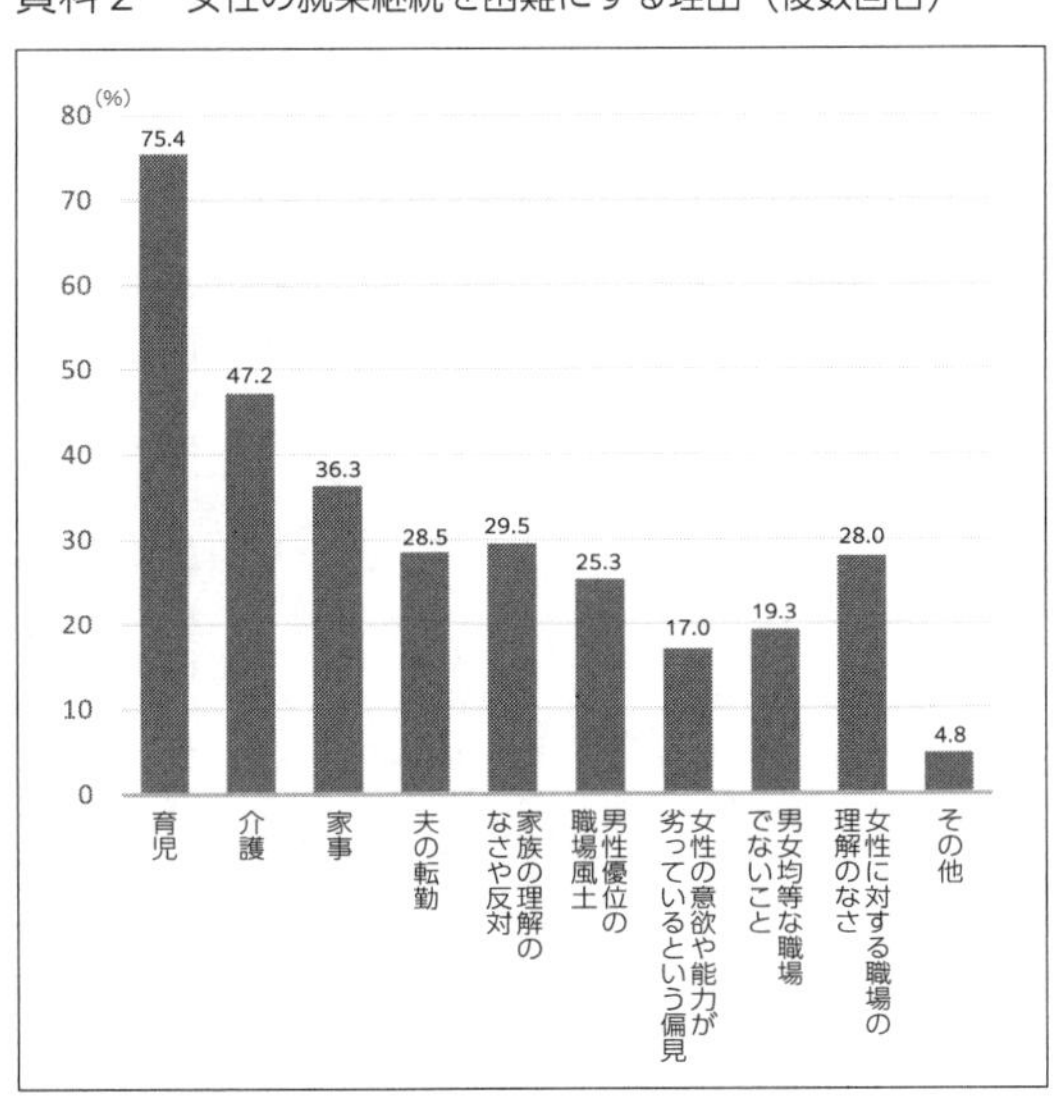

業者」の割合のことです。

毎年、スイスのシンクタンク「世界経済フォーラム」が発表する男女平等度ランキングがあります。二〇二〇年のランキングでは、日本は一五六か国中一二〇位と先進国の中では最低の水準でした。ちなみにアイスランド、フィンランド、ノルウェーがトップスリーです。ドイツ一一位、フランス一六位、イギリス二三位、カナダ二四位、アメリカ三〇位、韓国一〇二位、中国一〇七位でした。

日本は特に政治と経済の分野が問題で、二〇二〇年における政治分野の女性議員の比率は衆議院がわずか一一・〇パーセント（一四〇位）にとどまっています。経済分野でも管理職につく女性は一七・三パーセント（一三九位）に過ぎず、国際水準に遠く及びません。

以上のことを念頭において、資料を読み取っていきましょう。提示されたグラフの中から今後の日本がとるべき道を探っていきます。

手順2　男女の数値差に注目して資料の特質を読み取る。

●女性の就業継続を困難にするもの

まずは資料1を見てみましょう。これは年齢別に男女の労働力率を比べてみたものです。労働力率の年齢別変化で、男性と女性でどのような違いがあるのかを見ることで、男女共同参画社会実現のために必要なことは何かを考えることが可能です。グラフからは、男性と女性の数値に顕著な違いが見られることが分かります。

人権

・男性は二〇代半ばから五〇代後半まで一貫して九〇パーセント以上の高い数値を保っている。
・女性は二〇代後半で七五パーセント。三〇代で六〇パーセント台に落ち込み、四〇代で七四パーセントと再び高くなるM字型のグラフを描いている。

資料1からは三〇代の女性の就業率の落ち込みが目立つことが読み取れますが、その理由を示したグラフが資料2です。それによると、女性の就業継続を困難にする理由は「育児」が圧倒的に多く、次いで「介護」「家事」となっています。

つまり、女性の労働力率が三〇代で低下するのは、育児や家事のために就業継続が困難な人がいるためだと考えられます。すなわち、育児・介護・家事に関しては女性の役割だとする風潮がまだまだ根強いことが分かります。またこのグラフからは、職場において働く女性に対する理解が低いことも読み取れます。育児・介護・家事と仕事を両立させたくてもそれが許されない家庭事情、あるいは職場や社会の環境があるということです。

●男女格差の根底にあるもの

資料1において、台形型をとる男性の年齢別労働力率に対して、女性はM字型をとっていますが、以前に比べればその度合いは次第に弱まりつつあると言われます。それは社会全体の風潮や人々の意識が、男女の差をことさら強調せず、男女の協力や個人の能力を重視する方向に動きつつあるからだと考えられます。このような社会の流れが認識できれば、いまだに残っている労働における男女格差の根底にある原因が見えてくるでしょう。

以前の日本では「男は外で働き、女は家を守る」という男女の役割を固定する考え方が支配的で、女性が外で働きにくい環境を生んでいました。この傾向は地方ほど色濃く、若い女性が大都市圏へ流れる原因だとも指摘されています。

近年は女性の社会進出が進み、労働力率の男女差は、若い世代ではかなり少なくなってきているのですが、こと結婚や育児が絡むと依然としてそこに大きな男女差意識が現れるのです。男女共同参画社会の実現のためには、男女差における社会の意識改革が欠かせません。

手順3　男女共同参画社会実現のための取り組みを考える。

●今後の課題と対策

この資料では、年齢別の労働力に注目して男女共同参画社会の問題点を考えることにありますが、大きな問題だけに対策としてはさまざまな論述の方向が考えられます。ここでは、家庭や職場における男女の協力体制は十分なのか、女性の能力を生かせる社会システムは十分機能しているのかを考え、不十分と思われる点の是正を訴えるようにします。

〈対策例〉

・女性が仕事と家庭を両立できる環境を作るとともに、男性の長時間労働の働き方を変え、育児や介護への参加率を高めることが必要。

・女性の継続就業を支えるためのワークシェアリングや在宅勤務・短時間勤務制度などを採り入れて

多様な働き方を実現するなど、企業側の支援体制整備を促す。

・出産や育児でいったん仕事を離れていた女性の再就職に際し、教育訓練・就業支援などの対策を充実させる。

●すべての人にとって暮らしやすい社会に

視点を広げて、政治の世界や企業の改革に向けての取り組みを主張することも考えられます。その場合は、議員立候補者の女性の割合を一定数義務づけるクオータ制の導入や、管理職への女性の登用などの視点から男性優位を崩す仕組みなどを考えてみましょう。

なお、男女共同参画社会というと、どうしても女性の社会参加や少子化対策の観点からのみ提言しがちです。しかし、「男女共同参画社会」の本来の目的は、男女関係なくすべての人にとって暮らしやすい社会を実現することにあるのだということを理解することが大切です。

手順4　小論文攻略の型に当てはめて主張をまとめる。

資料型小論文の場合は資料の分析が大切です。答案のまとめ方としては**問題解決型答案**のパターンを用いて、初めに資料から読み取れることを序論部で述べるようにします。次に本論部で背景や問題点などを説明し、最後に結論部で今後の対策を述べる、という流れが自然でしょう。

序　論…与えられた資料から問題点を抽出する。

それぞれの資料から特徴的な点、特異な点に注目し、問題と思われる点を読み取ります。資料分析は、与えられたすべての資料について行わなければなりません。

⇩　資料1から、男性の労働力率は台形状の曲線を描くのに対し、女性の労働力率は三〇代で落ち込むM字形曲線を描いていることが分かる。資料2からは、女性の就業継続を困難にしている理由の中心が家事・育児問題だということが分かる。

本　論…社会的背景や原因を明確にする。

序論で挙げた問題点の原因や背景を考えていきます。与えられた資料の中にヒントとなる材料があることが多いので注意します。

⇩　日本では男性優位の考えがいまだに支配的だ。私の両親は共働きだ。しかし、母は仕事以外にも毎日を炊事・洗濯と慌ただしく働いている。男女の別なく誰もが働きやすい社会を目指す上で、女性だけが家事を担うこの現状は好ましいものではない。

結　論…解決策を提案する。

この問題への対策については、大きな問題だけに簡単に実現できる方法はありません。身近に具体例があれば、そこから解決策を検討してみましょう。

⇩　育児休暇制度で男性の取得者はごくわずかである。男性も子どもに向き合う時間がとれるよう企業の理解や協力体制を整える必要がある。そのためには、男性の育児休暇取得を義務づけるなどの積極的な施策が求められる。

人権

■高校生の答案から

私は、男女の別なく誰もが働きやすい社会にするためには、まず、男性と女性との役割をおたがいがはっきりと把握する必要があると考える。

資料2を見ると、女性の就業継続を困難にする理由で最も割合が高いのは「育児」である。「育児」とあるが、ここには出産なども含まれていると考える。出産は女性にしかできないことであり、仕事を続けながらできることではない。したがって、この「育児」の女性への負担を、どのように減らすのかが重要になってくると考える。育児をするのは主に女性になるが、そこで、夫の手助けも必要になるので、職場や企業は育児の必要な家庭を持つ男性の働きやすく、また育児に参加しやすい環境をつくるべきだと考える。育児に必要な休暇をとりやすくするという方法もある。

次に気づいたのは、日本では女性は仕事より家庭という考えが多いのではないかということである。資料2では、家事、家族の理解のなさや反対といった理由が高い割合を占めている。私は、そもそ

・おたがい⬇お互い

・負坦⬇負担

・家事、家族の…反対⬇育児、介護、家事（資料の読み取りは数値の大きいものから示すようにします。）

も家事や育児などの家庭のことは女性がするもの、という考えを改めるべきだと思う。掃除や炊事も女性しかできないものではないはずである。たしかに男性の方が体力があり力仕事をするには向いているかもしれないが、男性が家事を行っても問題は全くないはずである。

男女の別なく誰もが働きやすい社会にするためには、まず、男性は外で働き、女性は家で家事や育事をするといった社会的な風潮を無くしていくことが必要なのではないかと考える。そうすることによって、育児が必要になった時、女性だけが働けなくなるということは無くなるのではないかと思う。仕事に限らず、男性と女性の差別や偏見をなくすことが最も必要だと考える。

・と思う➡**と考える**

・育事➡**育児**

・必要なのではないか➡**必要だ**

・無くなるのではないかと思う➡**無くなるはずだ**

【評　価】（A～E五段階評価）

〈内容〉

・課題と論点の整合性……………A

・主張の明確さ……………C

・主張を裏付ける適切な根拠…B

・論述の客観性……………B

〈表現〉

・原稿用紙の使い方……………A

・構成の的確さ……………B

・誤字・脱字・文法の正しさ…C

・文章表現の適切さ……………B

・論述内容の深さ…………C

【講　評】

◎序論部（第一段落）では、男女の役割を互いにはっきり把握する必要があると述べていますが、第四段落では男女の役割分担がある風潮こそが問題だと述べており、主張が矛盾することになります。また、一文で一段落を構成することはできるだけ避けるようにしましょう。

◎本論部（第二段落）では、資料2からの読み取りを示していますが、資料1については触れられていません。資料型小論文の場合は、提示された資料のすべてからポイントを読み取らなければなりません。

◎結論部（第四段落）では、家事・育児は女性の役割とする社会風潮を無くすべきという主張が示されています。とても大切な指摘です。

◎ケアレスと思われる漢字の間違いが目につきます。とりわけ小学校で学習する教育漢字の誤字は「命取り」になります。小学校で学ぶ漢字とバカにせず、今のうちに教育漢字を含めて漢字書き取りの学習をしておきましょう。

五　環　境

第二次世界大戦後の日本は、軽工業から重化学工業中心へと経済構造を変化させることにより、経済的に大きな発展を遂げてきました。そのことは大量生産、大量消費、大量廃棄へと社会の変化をもたらしましたが、同時に資源を浪費し、自然を毀損し、環境を破壊するという負の側面をもたらしました。環境破壊問題は地球温暖化や大気汚染など、もはや一国の対策では解決できない地球規模の問題を急速にクローズアップさせてきています。

ここでは、生活ゴミと「循環型社会」、「自然と人との共生」の持つ意味をもとに環境について考えていきましょう。

環境❶　使い捨て社会から「循環型社会」へ

私たちが捨てるゴミをめぐる問題は、近年ますます深刻さを増しています。ここで言うゴミとは一般家庭やオフィスなどから出るゴミのことで、「一般廃棄物」あるいは「生活ゴミ」とも呼ばれています。日本人一人が一日に出すゴミの量はおよそ一キログラム。日本の一年間のゴミ総排出量は四二〇〇万トンを超えています。それは東京ドーム一一五杯分にも相当する分量です。そのゴミの量はドイツなど、「ゴミゼロ社会」を目指して対策しているヨーロッパの環境先進国の排出量を大きく上回っているのです。

問　題

日本では、ゴミの少ない豊かな未来社会を目指して「循環型社会形成推進基本法」が制定されています。そこでは、基本的な考え方として「3R」と呼ばれる取り組みの提案があります。

1　REDUSE〈リデュース＝ゴミを減らす〉
2　REUSE〈リユース＝繰り返し使う〉
3　RECYCLE〈リサイクル＝資源として再び利用する〉

しかし、ゴミの排出量は依然として多く、最終処分場の確保も年々困難になっているのが実情です。この3Rのうち、持続可能な循環型社会の形成のために、あなたが最も大切だと思うものはどれでしょうか。また、その推進のためにはどのような対策が必要だと考えますか。
六〇〇字以内で書きなさい。

手順1　設問が何を要求しているのかをつかむ。

小論文の解答にあたっては、設問文が、何について、どのように書くよう求めているのか、条件となっていることを確認します。この設問の場合では、次の二点です。

・3Rのうち最も大切だと思うものを指摘する。
・循環型社会推進のための対策法を提示する。

循環型社会とは、廃棄物の発生を抑制し、製品の再使用や再資源化を進めて新たな資源の採取を抑え、資源として循環利用する社会のことです。３Ｒはそういった社会を成立させるための重要な手段です。この点を理解して３Ｒの中で最も大切だとあなたが考えるもの、あるいは現在の日本では一番立ち遅れていると考えるものを指摘して、その推進のための対策を考察することが求められています。

日本におけるゴミ状況（二〇一八年）

ゴミ排出量

年間総排出量　四二七二万トン

一人一日当たりの排出量　九一八グラム

一人当たりの年間排出量比較 ←

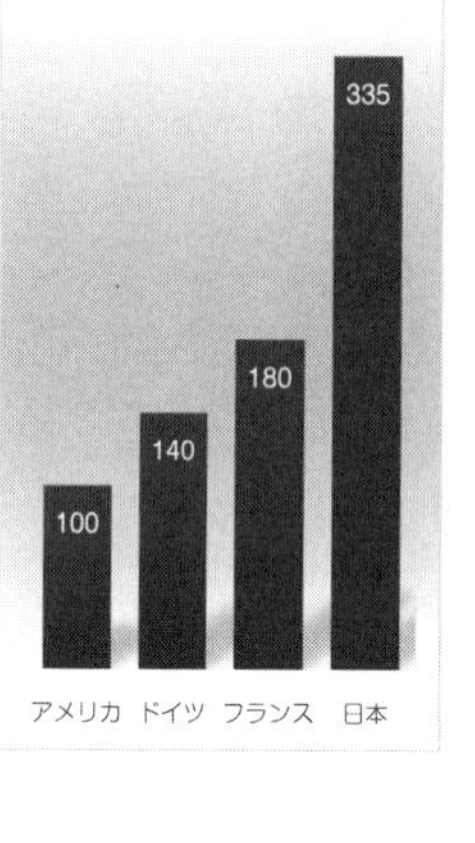

焼却炉の施設数

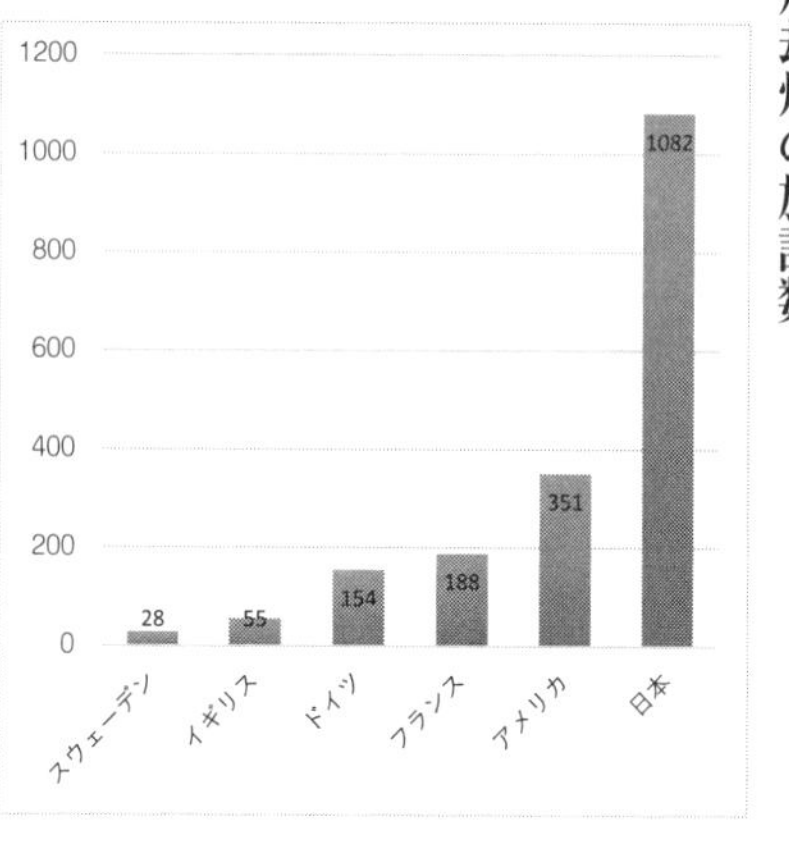

日本のゴミ処理費用

二兆〇九一〇億円　⇩　一人当たりの年間処理費用　約一万七〇〇〇円

●ゴミの排出量

まず、日本におけるゴミ状況についての概略を把握しておきましょう。

日本人は長い間豊かな生活を求め、モノを大量に生産し、使い放題に使い、飽きれば捨てるという生活を送ってきました。その結果、余ったもの、古くなったものはゴミとして大量に廃棄されてきました。そのゴミは焼却、もしくは埋めることによって処分されるのですが、ゴミは「燃やすとダイオキシン、埋めると土壌汚染」と言われます。国土の狭い日本では処分場に困ってしまいます。人々はこの段階になってようやく大量消費によるゴミが環境破壊の原因となっていることに気づき始めました。

二〇一八年の日本の年間ゴミの総排出量は四二七二万トンとなっています。先に述べたように、これは東京ドーム一一五杯分にも相当する量です。年間のゴミの量は、二〇〇〇年の五四八三万トンをピークに、毎年少しずつ減少しているのですが、それでもなお国民一人あたり一日九一八グラムと、一キログラム近いゴミなのです。年間では、一人当たり三三五キログラムのゴミを出しています。年間のゴミの量において、日本は総量のみならず一人当たりの量でも世界第一位です。二位はフランスで一八〇キログラム、三位はドイツの一四〇キログラム、四位はアメリカの一〇〇キログラムです。不名誉なことに、日本は群を抜いてワースト一なのです。

●ダイオキシンの心配は

集められたゴミは焼却か埋める方法によって処理されます。日本では焼却施設で燃やしてから灰として埋められているものがおよそ七三パーセント、そのまま土に埋められるものが一三パーセント、リサイクルなどで再利用されるのは、わずか四パーセントです。日本は国土が狭いため、燃やして灰にしてから埋める方法が主流となっているのです。

「焼却炉の施設数」データをご覧ください。日本のゴミ焼却場数は一〇八二。二位以下を大きく引き離して断トツの世界一位です。これほど多くのごみを出し、燃やしている国はほかにないのです。

ゴミは燃やすとダイオキシンを発生させます。ダイオキシンは発ガン性のある物質ですから、人間にとっては極めて危険な物質です。ゴミの焼却量が世界一ということは、そのダイオキシン排出量も世界一なのかと心配されますが、現在は「ダイオキシン類特別対策措置法」（一九九九年）に基づいて排出基準を守れない焼却炉は運転禁止となっています。そのため現在の日本の環境下におけるダイオキシンの量は健康に問題ない範囲とされています。しかし、ダイオキシンの発生量が微少になったとはいえ、ゴミを取り巻く状況にはまだまだ問題があります。

●困難な最終処分場の建設

リサイクル等の意識が高まったことによってか、埋め立てられるゴミの量は減少しつつあります。それでも、年間に四〇〇〇万トンを超えるゴミの量です。環境省によるとあと二〇年ほどで現在の最終処分場は満杯になってしまうと予想されています。ところが、新しく処分場を建設しようにも建設予定地の住民の反対運動などがあり、建設困難な状態になっています。処分場自体は自然環境に配慮するようになっているのですが、処分場の周辺に不法投棄が増えることが懸念されるのです。また、不法投棄されたものの中には有害物質が含まれている場合もあり、そういったことが環境悪化を危惧する住民の反対運動につながっているのでしょう。

ゴミを最終的に処分する場所がなくなってしまうという現実を目の前にして、私たちはゴミの量を減らすことが急務であることをあらためて認識するはずです。

手順2　3Rの取り組みが遅れている原因を考える。

環境保全についての考え方として「持続可能な開発」という考え方があります。未来の世代が得るはずの利益を損なわない形で、現世代の欲求を満たしながら長続きする開発を目指していこうという考え方です。３Ｒは限りある資源を有効に活用し、環境に配慮しつつ発展しようという取り組みの一つです。循環型社会の実現のためには３Ｒの推進が大切ですが、設問文には、そのどれもが十分に進められていないと指摘されています。遅れている原因を具体的に考えてみましょう。自分の体験や見聞きしたこと、社会的知識などから具体的に考えることが大切です。

〈リデュースの場合〉

リデュースとはゴミの発生量を減らそうという考え方です。製造者は企業の責任として、使用済みになったものがゴミとして廃棄されることが可能な限り少なくなるように物を製造・加工・販売するようにすればゴミは減っていきます。一方、消費者側にもゴミには責任があります。例えば、シャンプーは詰め替えのできる商品を購入する、トレイに入ったり、パックされたりしたものはなるべく買わないようにする。つまり、ゴミになるものは買わず、持ち帰らずとして、スーパーでもバラ買いが当たり前、買い物袋を持って行くのも当たり前となればゴミの量も大分減るはずなのです。

プラスチックゴミの象徴として批判の的にされていたスーパーなどのレジ袋は二〇二〇年七月から有料化されました。人々の意識も次第に変わりつつあるかのように思えますが、現実はまだまだ理想の姿に追いついていきません。なぜなのでしょうか。

- 「リデュース」という言葉の認知度が低いこと。
- 大量生産・大量消費社会のため、大量の廃棄物の発生自体を削減できないこと。
- 企業が利益を求め、頻繁なモデルチェンジを行っていること。
- 生活の中で便利さを優先してしまうこと（レジ袋・ペットボトル・割り箸の使用）。

〈リユースの場合〉

リユースは廃棄するのではなく、使用済みの製品を回収して繰り返し使おうという考え方です。例えば、水や清涼飲料のペットボトルなら洗って再使用することもそれほど難しくないように思えます。問題は回収システムにあります。リユースのためのペットボトルは販売店が回収するか、消費者が店舗へボトルを返しに行かなければなりません。昭和の頃は街中の酒店などの専門店が各家庭に配達をし、使用後の空きビンを回収していました。そういうことが少なくなった現在では、広く出回ったペットボトルを効率よく回収することは難しくなっています。

・スーパーやコンビニなど、専門店以外での購入が増えて回収が難しくなったこと。
・ビンの場合、商品が多様化してワンウェイビン（一回だけ使用）が増え、リターナブルビン（繰り返し使用）の利用が減少していること。
・対象商品がビンや車両、エンジンなど一部のものに限られていること。

〈**リサイクルの場合**〉

リサイクルとは不要となったものを回収・処理して、再資源化したり、再利用したりすることです。回収したものを粉砕や溶解、分解をしてもう一度同じ製品に再生したり、まったく違う製品に形を変えて再利用します。例えば、アルミ缶やスチール缶を溶かしてアルミニウムや鉄に再生してもう一度空き缶を作製する、回収した古紙をパルプに戻して新しい紙（再生紙）にする、ペットボトルを回収して卵パックやカーペットにする、などが行われています。

・リサイクルそのものに手間とコストがかかってしまうこと。
・リサイクル商品のほうが価格が高くなったり、品質の劣化があったりするため、消費者の購入控えがあること。
・リサイクルのために大量のエネルギー資源を必要とすること。

上記の検討を踏まえて、「3Rのうち、一番立ち遅れていると思うもの」を挙げます。循環型社会の原則から考えると、リデュースはゴミ発生そのものを抑えるという点からゴミ問題対策として優先されるべきものですが、リユースやリサイクルを選択した場合も結論まで一貫した視点で論述するようにしましょう。

なお、３Ｒのほかに、REPAIR（修理する）、REFUSE（不要なものを断る）、REGENERATION（再生品の使用を心がける）などを加えて４Ｒや５Ｒなどと呼ばれることもあります。

手順３　原因を踏まえて、どのような対策が必要か考える。

解答にあたっては、３Ｒのうちどれを取り上げるにしても、現実的な取り組みを行い、さらに社会全体で推進していくための解決策を提案することが必要です。

●解決策の提案（例）

〈リデュースの場合〉

- 一人ひとりがマイバック・マイ水筒・マイ箸などを積極的に利用する。
- 詰め替え可能な商品や簡易包装の商品を選ぶ。
- 長期間修理可能な商品を購入する。
- 利用頻度の少ないものは、レンタルやシェアシステムを利用する。
- 企業は修理や点検等のアフターサービスを充実させ、製品の長期使用促進に努める。
- 企業は簡易梱包、簡易包装、詰め替え容器の普及に努める。

〈リユースの場合〉

・環境保全に役立つことを積極的にＰＲする。

・リターナブル容器に入った製品を選び、使い終わった時にはリユース回収に出す。

・フリーマーケットやガレージセール等を開催し、不用品の再使用に努める。

・企業はリターナブルビンなどリユースできるものの識別を明確にする。

〈リサイクルの場合〉

・循環をスムースに進めるために、消費者がリサイクル製品を積極的に購入する。

・ペットボトル・ビン・缶などの資源ゴミの分別回収を徹底する。

・企業はリサイクル商品の品質を向上させ、価格を抑える取り組みを行う。

●ゴミ分別の教育

ゴミを処理するには莫大(ばくだい)な費用がかかります。二〇一八年においては、一般廃棄物のゴミ処理事業経費は二兆円を超えており、一年間に国民一人当たりで約一万七〇〇〇円もの費用がかけられていることになります。しかし、それもゴミを減らせば問題は解決するのです。

「混ぜればゴミ、分ければ資源」という標語がありますが、ゴミを減らすためにはまず分別して廃棄することが大切になります。環境先進国ドイツでは小学一年生のときからゴミの分別やリサイクルについて学ぶ機会をつくり、家庭でも分別するようにと指導しているそうです。幼い頃から自然と循環型社会の考え方が身につく教育がなされているのです。

●デポジット制の導入

生産者責任と消費者責任をつなぐ方法のひとつとして「デポジット（預かり金）システム」があります。商品購入時に一定のデポジットが徴収され、使用後にお店に持っていくとデポジットを返してくれるという制度です。例えば、冷蔵庫やテレビを廃棄した場合、現在の日本では処分代として数千円徴収されます。そのため不法投棄が増える原因となっているのですが、デポジットシステムの場合は反対にお金が戻ってくることになり、不法投棄は少なくなります。

ヨーロッパの環境先進国ではペットボトル、ビン、缶などの飲料容器ばかりでなく、蛍光灯や電池、家電製品、車などにも導入されています。「経済活動を自然の循環の範囲内で」という考えのもとに使い捨て容器には高額の税金が課され、ゴミの完全分別、生ゴミの堆肥化、デポジット制の導入などが整然と実施されて、ゴミを作らない、売らない、買わない、という社会システムができ上がっているのです。

循環型社会を形成するには、生産者と消費者それぞれが環境への影響を考慮して責任ある行動をとることが必要です。また、3Rのいずれの取り組みも相応の手間やコストがかかることが予想されます。したがって、生産者や消費者がより主体的、積極的に環境配慮に取り組むことができるような仕組み作りを国や行政に提案することもよいでしょう。

手順4 小論文攻略の型に当てはめて主張をまとめる。

この問題の場合は、**問題解決型答案**のパターンでまとめましょう。

序　論…設問に問われているものを挙げる。

設問では、3Rの中で最も大切と思うものは何かと問われています。3Rそれぞれを比べ、取り組みが遅れていると考えるものを明確に示します。

⇩　循環型社会を目指す3Rと呼ばれる取り組みの中で、リデュースに対する人々の意識が希薄であり、そのため取り組みも最も遅れている。私は、リデュースの推進こそが最も大切だと考える。

本　論…序論で挙げた問題点の背景を説明する。

リデュースの取り組みが遅れている理由は何なのか、その背景を具体例を挙げて説明していきます。

⇩　リサイクルやリユースが人々の意識面でかなり浸透してきているのに対して、リデュースはあまり浸透しているとは思われない。二〇二〇年にレジ袋が有料化され、やっとレジ袋がリデュースの対象だと人々に認識されるようになってきた。

結　論…まとめとして解決策を提示する。

自分自身の生活を振り返りながら現実的な対策を提言します。各家庭単位で可能なもの、企業や行政に働きかけて実現するものは何かを考えてみます。
⇩ 循環型社会を実現するためにはリデュースの推進こそが大切である。あらためて身の周りを見直してみると弁当の割り箸やスプーンなどもリデュースの対象となることが分かる。まずはこれらを安易に使用しないことから始めるべきだ。

■高校生の答案から

私が3Rのうち最も立ち遅れていると思うものは、廃棄物の発生を抑える「リデュース」です。私達は、今、便利で種類豊富な機械などに囲まれて生活しています。また、それらを作る技術も発達し新しいものが次から次へと売られています。このような社会にいることで私達は壊れたら即、次の新しいものを買うという方向にいってしまうのだと思います。この考え方のせいで私達は機械を修理したりせず廃棄物を簡単に増やしていくのだと思います。

私の家では廃棄物の発生を少しでも抑えるための取り組みをいくらかしています。例えばまだ使えそうな箱に小物などを入れるなどしています。このようにすることで小物を収納でき箱も廃棄物として発生しません。まさに一石二鳥です。

・です➡である
・生活しています➡生活している
・売られています➡売られている
・と思います➡（削除。）
・いくのだと思います➡いくのである
・いくらかしています➡している
・入れるなどしています➡入れるなどである
・発生しません➡発生しない
・一石二鳥です➡一石二鳥である

「リデュース」の推進のためには、個人の意識が大切です。先ほど例に挙げた私の家で取り組んでいることも全国の人が少しずつでも行えば、想像できないほどの大量の廃棄物の発生を抑えることができるでしょう。また、物を買いすぎないということも大切です。似ているものを何個も買うなどせず、自分にとって必要な物だけを選ぶことで将来、それが使い物にならなくなり棄てる時の量を減らすことができるからです。それ以外にも小さくなった服を、まだ小さい子供がいる家にゆずるなどたくさんの方法があります。今日から皆さんで行いましょう。

- 大切です➡**大切である**
- できるでしょう➡**できるだろう**
- 大切です➡**大切である**
- できるからです➡**できるからである**
- ゆずる➡**譲る**
- あります➡**ある**
- 今日から……➡**今日からでもすべての人が心がけるべきだと考える**

【評　価】（A〜E五段階評価）

〈内容〉
- 課題と論点の整合性……………A
- 主張の明確さ……………A
- 主張を裏付ける適切な根拠……B
- 論述の客観性……………B
- 論述内容の深さ……………C

〈表現〉
- 原稿用紙の使い方……………A
- 構成の的確さ……………B
- 誤字・脱字・文法の正しさ……B
- 文章表現の適切さ……………C

【講　評】

◎序論部で、３Ｒのうち最も立ち遅れているものは何かを提示できています。また、社会の現状にも目を向けながら、廃棄物が減らない現状についての原因を考察しています。とても良い視点です。

◎本論部は、序論で示した主張について、なぜそう考えるのか理由を説明するパートです。あなたの家での工夫が具体的に挙げられていますね。「このような工夫の方法はたくさんあるにもかかわらず、簡単に捨てる人が多い」「百均などで安価な箱が手に入ることから、このような工夫が廃れた」など、例を生かして社会の現状を述べるようにしてみましょう。

◎結論部で「個人の意識」と主張していますが、これだけでは不十分です。序論・本論で経済社会のあり方に目を向けていますので、このような社会が向かうべき方向、私たちがとるべき行動にも目を向けて提言しましょう。

環境❷「自然と人との共生」って何？

人類の二〇世紀は、科学技術を大きく発展させ、高度な文明を築いた時代でした。それによって私たちの今日の繁栄と豊かな暮らしがもたらされたのですが、一方で地球規模での環境破壊を進行させました。人々はようやくそのことに気がつき、それを解決する方策として「自然と人との共生」という言葉がもてはやされるようになりました。

「共生」とは生物学の用語で、「異種の生物が相互作用を通じて共存している関係」を言います。この関係を利益・不利益という概念でみると、相互に利益を交換する関係を「相利共生」と言います。今よく言われる「自然と人との共生」は、なんとなくこの相利共生の関係をイメージしているように思われますが、本当のところはどうなのでしょう。

地球上の生き物はみな、何らかの形で周りの生き物に迷惑をかけながら生きています。肉食動物であれ、草食動物であれ、すべての動物は他の生き物を食べて生命を保っています。その中で、とりわけ周りの生き物に迷惑をかけているのが人間でしょう。そんな人間が「自然との共生」などと言っても、その言葉が周りの生き物に迷惑をかけずに仲よく生きることを意味するものならば、それは現実とかけ離れた、人間側の勝手な言い分でしかありません。

とはいえ、人類が生命を保ち、社会を維持していくには、周りの生物に迷惑をかけつつも自然に依存して生きていくしかありません。自然と人との共生とは、人が他の生き物と共倒れになることなく、上手に迷惑をかけながら生きていくということなのでしょう。

問題

次の課題文を読み、筆者の考える環境保護のあり方をまとめた上で、人間と自然が共生していくために必要なことについて、あなたの考えを八〇〇字以内で書きなさい。

①あまりにも貧弱になってしまった身近な生態系を、少しでもよみがえらせようと、わが国

でもさまざまな試みが行われるようになった。たとえば河川改修にあたって、ようやく少しずつだが「近自然」「多自然型」といった工法がとられるようになってきた。しかし、実際によく見てみると、形を整えるために輸入した石材を用いたり、植栽も地域のもともとの生態系に配慮しているとは思えないケースが多々ある。これでは「多自然」ではなく「他自然」だと皮肉を言う研究者もいる。担当者も、設計者も、エコロジーの基本を理解しないまま、「自然をつくって」いるのだろうか。近自然工法の先進国ドイツでは、河川工学を学ぶ学生にはエコロジーは必修であると聞いたことがあるのだが。

②はやりの「ビオトープ」（生物の生息空間）にしても、子どもたちを生きものとふれさせようとの思いは大切だが、もともと水のない台地や丘陵地上の公園に、水道水やくみ上げた井戸水を流して池をつくるなど、その場所のパフォーマンスを無視した設計や、短期間に多様な環境・生物相を整えようとして他地域から動植物を移植するケースが少なからず見られるのである。

③神奈川県内の公園でトンボ池を造成したところ、もともと県内に生息していなかったトンボが発生した。トンボ池は大成功だったと考えるのは早計で、調べてみると造園業者が水生植物を近畿地方から移植していたことがわかった。発生したトンボが水生植物の組織内に卵を産みつけるタイプだったので、卵がいっしょに運ばれてしまったというのが真相のようである。

④自然を演出するために造成されたこのような池や水辺を、私は「箱庭ビオトープ」と呼ん

でいる。個人で楽しむのはけっこうなことだと思う。わが家の狭い庭にも、何種類かのチョウの幼虫の食草を植えてあり、毎年卵を産みに来てくれるのを、私も子どもたちも楽しみにしている。学校における、このような生息空間づくりによる教育効果が大きいことも理解している。身近に豊かな自然環境が失われてしまった現在、せめて校庭に自然とふれあえる場所を設けることは必要だと考えている。もちろんこの場合でも、その地域の自然をベースにし、遠く離れた地域からの移植・放流は避けるべきである。

⑤厳密にいえばビオトープの造成には、過去から現在にわたる地域生態系と生物相についての、綿密な調査に基づいた位置づけが必要になる。たとえば、鳥の移動を保証するためか、カエルの産卵地を創出するためか、分断された生息地間の回廊（コリドー）のためか、草地性の昆虫の生息場所を確保するためか、それらの複合かなど、補うべき要素とその理由、目的が示されるべきなのである。その観点からすると、学校での取り組みにビオトープということばを用いるのは混乱を招くので、「学習生態園」とか「学校自然園」のような呼び方が適当ではないだろうか。英語圏では「学校自然区＝school nature area」と呼んでいるようだ。

⑥少なくともビオトープに名を借りて、地球生態系を無視し、損なうような造成は行ってはならない。まして、もともとあった二次自然を引きはがして、造成する公園の一部にさまざまな環境要素を少しずつ組み合わせてそろえることは、失われたものの大きさに比較してどれほどの意味があるだろうか。これは、本来のビオトープとは全くアプローチが違うのである。

⑦もしある地域に貧弱な環境しかなく、少しでも自然を回復させたいのなら、そこがなぜ貧弱なのかを考えるところから、始めるべきである。それは、たいていもともとあった豊かな生態系を破壊した結果である。しかし、その貧弱な環境にも、実は少ないながらもさまざまな動植物がいる。そこを出発点として、鳥瞰（ちょうかん）的にその場所を見、その地域が自然史的にどのような推移をたどってきたのか、かつてはどういう環境であったのか、人がどのように自然と関わってきたのか、そしてどのように改変されてきたのかなどを考え、調べながら、少しずつ環境に働きかける。そして、その結果を評価しつつ、場合によっては足りない要素を補い、長い時間をかけて自然環境を豊かにしてこそ、本当の自然回復になる。形を整えることを急ぎ、手っ取り早くよそから導入すればいいという考えは、実は自然を損なう行為につながることを知らなければならない。

（『メダカが消える日』小澤祥司　岩波書店）

＊段落の頭の数字は、形式的に原文に付加したもの。

手順1　設問の要求について、課題文ではどのように述べられているのかをつかむ。

この設問では、まず筆者の環境保護に対する考えをまとめるよう求めています。要約という程厳密なものでなくてもよいでしょう。その主張を踏まえて、「人間と自然が共生していくために必要なこと」について考えていくことになります。まず、課題文から整理しましょう。

【段落のまとめ】

第①段落…最近、生態系をよみがえらせるさまざまな試みが行われるようになった。しかし、もともとの生態系に配慮していないケースが多々ある。

第②段落〜第⑥段落…ビオトープの例。ビオトープの造成を通した自然の回復や演出が行われているが、これらの試みの中には、かえってそれまでの生態系を破壊するようなものや、その環境の特性を無視した設計がなされているものがあり、問題点も多い。ビオトープの造成には地域生態系と生物相の綿密な調査が必要だ。

第⑦段落…自然を回復させたいのならば、その地域の自然史推移をたどるなど、十分にその環境を理解したうえで、少しずつ長い時間をかけて自然に働きかけていくべきである。

私たちの周りでは地球温暖化やゴミ問題をはじめ、環境問題に対する社会的な関心は日に日に大きくなってきています。最近では身近なところに自然を増やそうと、ビルの屋上の緑地化などの試みも行われています。この課題では、そのような試みも安易に行っては問題があること、さらには人間が自然を作り替えることの難しさを、より深く考察することが要求されていると言えるでしょう。

手順2　設問と課題文を踏まえて、どのような点について小論文を書くか考える。

●課題文の主張は何か

この課題文におけるキーワードは「生態系」です。生態系とは、その地域に生息する動植物とそれを支える環境を一つのシステムとしてとらえた言葉です。その生態系を安定させた状態のまま、豊かな自然を回復させるにはどうしたらよいのだろうか、というのがメインテーマです。

筆者の主張は最後の段落に集約されています。すなわち、十分にその地域の環境を調査し、その性質を見極めたうえで、時間をかけながら少しずつ自然に働きかけなければならない、ということです。自然が繊細で複雑であること、そういう自然への人間の配慮が必要だという主張が読み取れるでしょう。

●人間と自然の関わりを考察する

課題文で例として取り上げられているビオトープの造成は、自然環境を回復しようという人間側の試みですが、それは人間と自然の融和への試みでもあると言えるでしょう。

環境問題の根底にあるのは、人間は自然とどのように関わっていくべきなのかという問題です。近代以降、人間は環境破壊という行為によって自然を苦しめてきたのです。楽しみのために、外来生物を連れてきて地域の生態系を破壊する行為など、人間は今も自然を苦しめ続けていると言うことができるでしょう。

●人間が自然と共生するには

私たちが「自然との共生」を考えるときには、漠然とした自然や緑を守ろうといったキャッチフレーズとしてしかイメージしていないことが少なくありません。今回の課題ではこの点に気づくことが重要です。自然回復への試みが生態系の破壊に結びつくような可能性があることをあらためて考え、「人間と自然が共生していくために必要なこと」を現実的な観点で考察することが求められています。まずは、自然の繊細さ、そしてその豊穣さを十分に理解していなければ実践できないことを理解するところから始まります。

対立する人間と自然が手を結ぼうとする試みは決して生易しいものではありません。自然が人間に牙をむいたときの恐ろしさを、自然災害のたびに人間は学んできたはずです。そのような自然といかに共生していくかを考えてみましょう。

手順3　論述の方向を決める。

小論文の基本は、筆者の主張に対して賛成か反対かの立場を明確にすることにあります。この課題文で、筆者は「十分に地域の環境を調査し、時間をかけて少しずつ自然に働きかける」と述べています。その主張に反対すべき要素はないように思われますので、筆者の考えの必要性や重要性を支持する形で進めていきましょう。

まず、自分の知っている身近なところに人間と自然の共生が問題となるものを求め、そのあり方を考察していきましょう。

学校や地域、あるいは自然体験イベントやエコ活動などを点検してみて、CO2削減などの目標の中に地域の自然に対する視点はあったかどうかを振り返ってみるのも良いでしょう。また、「共生」の問題点がよりクリアに見える例として、熊や猪、猿などが里に下りてきて被害が出ている例や、都会でのカラスやムクドリと人間のせめぎ合いの例、外来種の移入で在来種の生存を脅かしている動植物や昆虫の例などを挙げてみましょう。これらの例を通して、身近な自然への視点が必要なことに気づくと、より実質的な意味での「共生」のあり方を考えることができるでしょう。

一例として、地域の湖沼調査をもとにしての外来種駆除の困難さに着目し、在来種・外来種を含めた新しい生態系を作っていくことの提案例を示しておきましょう。

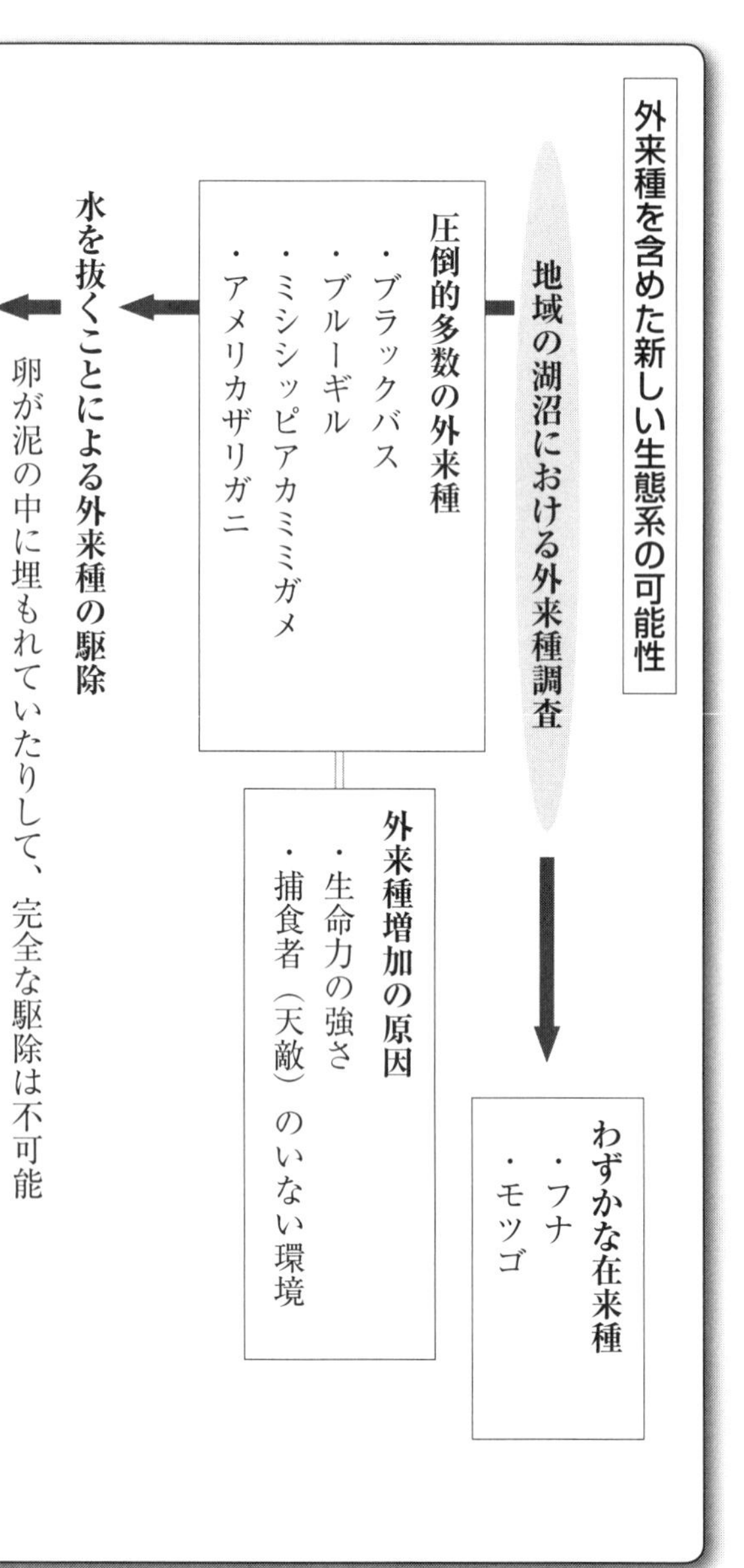

継続的なモニタリングによって実態を調査

在来種と共存できる個体数に人間が調節
外来種を含めた新しい生態系へ

外来種が在来種を捕食してしまうからといって外来種をすべて駆除しようとしても容易なことではありません。最近のテレビ番組で、池や堀の水を抜いての生物調査が話題になっていますが、卵が泥の中に埋もれていたりして、一匹残らず駆除するのは不可能に近いのです。外来種が入ってきて長い時間が経っていると、生態系に新しい関係ができていることもあります。

そこで人為的に個体数をコントロールしていこうという考え方があります。モデリングなどによって計算した在来種と共存できる個体数に人間が調節して、外来種を含めた新しい生態系を作っていこうというものです。多くは外来種を減少させることがメインの活動になるでしょうが、全滅させることが目的ではないところに注目したいものです。

手順4　小論文攻略の型に当てはめて主張をまとめる。

この問題は、三段構成**意見提示型答案**のパターンでまとめましょう。

自然とは繊細で複雑なものですが、その自然と人間が共存していくためには何が必要なのかが問われています。具体的な自分の体験をもとに論述を進めていきましょう。

序論…課題文を踏まえ、自然を回復させるための自分の考えを示す。

最初に筆者の主張をまとめ、それについて自分の考えを述べていきます。筆者の主張が至極当然と考える場合は、賛否ではなく、その内容に沿った意見とします。

⇩ 筆者は、「生態系回復には、地域の環境を調査し、時間をかけながら少しずつ自然に働きかけなければならない」と言っている。私たち人間はこれまで、自然との共生をうたいながら、あまりにも身勝手な自然破壊を行ってきたのだ。

本論…具体例を挙げ、自分の意見の理由付けをする。

「人間の身勝手な自然破壊」という自分の意見を裏付け、読み手を納得させるための具体的な事例を挙げて説明していきます。

⇩ 過去に、地域の池の外来種調査をしたことがある。その時の外来種のあまりの多さにただ驚くばかりであった。なぜ外来種は増え続けるのかと疑問に思うが、人間の身勝手な放流と天敵のいないことがその主な理由だと考えられる。

結論…本論を踏まえ、自然との共生のあり方をまとめる。

生態系の回復には環境を理解した上で自然に働きかけていくことが大切という序論での主張に沿ったまとめを考えます。

⇩　外来種の駆除は一筋縄ではいかない。水抜きをしても卵は泥の中で生き延びてしまうのだ。それならば、定期的なモニタリングを実施し、人間の手によって外来種の数を調節し、在来種と外来種との共存を図っていくべきだと考える。

■高校生の答案から

筆者は環境保護のあり方について、過去から現在にわたる地域生態系と生物相を調べ、足りない要素を補い、長い時間をかけてこそ本当の自然回復であると考えている。

私も筆者と同じ考えで、自然回復には綿密な調査に基づいた位置づけが必要であると考える。

私は以前通っていた小学校には、ビオトープではないが、キラキラ池という人工の池があった。その池の水は近くから出る清水を使っているため、夏になると色々な生物や植物であふれる。そして池の中に自分達が持ち寄った生物を入れてよいことになっていたのだが、元から生息している生物を食べたりしない生物だけというルールだった。小さい時はこのルールの意味を理解しておらず、ただ食べられるとかわいそうだから、ぐらいにしか考えていなかった。し

・長い時間をかけてこそ➡長い時間をかけて自然に働きかけることこそ
・私も➡（この一文は改行せず、前の段に続けましょう。）
・私は以前通っていた➡私が通っていた
・その池の水は➡その池は
・使っているため➡引いていたため

かし、今思い返せばあのルールは過去から現在にわたる地域生態系と生物相を子供たちに教えるための、いわば河川工学の教育だったのだ。

私は人間と自然が共生していくために必要なことは「知る」ことであると考える。私は中学生の時に身近な自然がどうなっているのかを知りたくなり、林業体験をしたことがある。その時知ったのは、山と海はつながっていて、山を整備することによって海のプランクトンが増え海が豊かになるということ。もう一つは木を切って整備することで木が健康になるということだった。木は切らないほうが良いと思っていたが、ある程度切ることによって自然をコントロールしているのだった。

人は自然がなければ生きてはいけない。そのことを子供の時から知ってもらうため、教育はおこなわれる。しかし時に人は自然環境の大切さを忘れ、自分たちのエゴによって自然環境を簡単に破壊してしまう。そんなことにならないように意識を高く持ち、自然環境や生体系のバランスをコントロールしなければいけない。地球全体が箱庭ビオトープと呼ばれる前に。

・教育だったのだ⬇**教育だった**

・木を切って整備することで木が⬇**樹木を間引いたり伐採することで、木そのものが**

・いるのだった⬇**いるのだ**

・おこなわれる⬇**行われる**

・生体系⬇**生態系**

・地球全体が……呼ばれる前に。⬇（前の文の「自然環境や」の前に挿入する。）

環境

【評　価】（A～E五段階評価）

〈内容〉
・課題と論点の整合性……………A
・主張の明確さ……………………A
・主張を裏付ける適切な根拠……B
・論述の客観性……………………A
・論述内容の深さ…………………B

〈表現〉
・原稿用紙の使い方………………A
・構成の的確さ……………………B
・誤字・脱字・文法の正しさ……C
・文章表現の適切さ………………C

【講　評】

◎序論部で筆者の考える環境保護のあり方を短くまとめている点、評価できます。さらに、長い時間をかけて何をするのかも明示したほうが良いでしょう。

◎本論部に体験例が二つ出されていますが、どちらか一つに絞り、知ることができた経験が、自然についてのあなたの考えにどう影響したのか述べるようにしてみましょう。

◎結論部では、環境や生態系のバランスをコントロールするとはどのようなことか、かみくだいて述べることを考えてみましょう。

◎文章は上手なのですが、やや美文調に流れています。小論文はあくまでも論理の勝負ですから、名文を書く必要はありません。「いわば河川工学の教育だったのだ。」「自然をコントロールしているのだった。」という詠嘆表現や、末尾の倒置法などは小論文として避けるべき表現です。

六　国際化

「国際化」という言葉をよく聞きます。飛行機などの交通手段や、インターネットなどの通信技術の発達により、以前より外国と日本との交流が頻繁になりました。今では、私たちの周りで外国人を見かけることも珍しいことではありませんし、外国で暮らす日本人もたくさんいます。このように、国と国とがお互いに結びつきを強め、経済的・文化的に影響を与えあったりするようになることを「国際化」と言います。

ここでは、「異文化理解」とコミュニケーション、人口減少と「外国人労働者」という視点から国際化について考えていきましょう。

国際化❶「異文化コミュニケーション」のあり方

ホームステイや旅行で外国を訪れ、その国の文化に触れて日本との違いに驚くことがあります。食や服装、身振り、挨拶など、その違いを知らずにいると反発を招くこともあります。それぞれの国には、その国の長い歴史によって育まれてきた文化があるわけですから、旅行者などが新しい文化に触れても、それを完璧に理解するのは難しいでしょう。

では、その文化の違いは私たちの心を遠く隔てるものなのでしょうか。異文化とコミュニケーションという観点で、国際化問題を考察していきましょう。

問題

近年、街中で外国人と接したり、ホームステイや旅行などで海外に行き、異文化に接する機会が増えてきました。このように国際化が進んでいる現代において、異文化の人々と接するとき、どのようなことが大切だと考えますか。あなたの考えを八〇〇字以内で書きなさい。

今、世界の各地で民族や宗教の違いによる紛争が多発していることから、異文化理解に関する議論が盛んになっています。年々国際化は進み、世界中で異なった文化的・社会的価値観を持つ人間どうしが、互いを認め合い共存するという姿勢が求められるようになっているのです。この課題では、国際化時代を生きる一員として、どういう考え方を持って異文化と触れ合うべきかが問われています。

手順1　日本人の異文化交流における問題点を考える。

●**他国の文化・風習を学ぶ機会が少ない**

国際化が進みつつあるとはいえ、四方が海に囲まれている日本は、他民族と接する機会が極端に少ない環境だと言うことができるでしょう。したがって、日本人の多くは他国の文化や風習を学ぶ機会は少なく、そのために宗教的タブーを犯したり、失礼とされる質問をしたり、不用意な言動が原因で危険な目に遭ったりするケースもあります。他国の人々と文化の違いを感じさせられる例を考えてみましょう。

・日本人は、キリスト教を信仰していなくても、結婚式は教会で行う人が多い。

⇩欧米の敬虔なキリスト教徒は「神への冒涜（ぼうとく）」と考える。
・日本人は、相手の話に同意していなくても、うなずきながら話を聞く。
⇩欧米人は、ほぼ同意したと受け取る。
・日本人は、注意深く話を聞く時に腕組みをする。
⇩欧米では「だまされないぞ」という防御のサインになる。
・日本人は、「いいね！」と親指を立てる。
⇩アラブなどのイスラム圏では相手を侮辱する行為となる。
・日本人は、手のひらを下に向けて手招きをする。
⇩欧米や中東では「あっちへ行け」というサインになる。
・日本人は、よく足を組んで座る。
⇩北アフリカやアラブなどのイスラム圏では相手を侮る行為となる。
・日本人は、小さな子どもの頭をなでてかわいがる。
⇩イスラム教徒にとって頭は神聖なところ。他人がなでるなどとんでもない行為。
・日本人は、仕事が定時内に終わらなかった場合は残業しても仕上げる。
⇩欧米では、定時以降は自分の時間として自己啓発や家族との時間と考える。

日本と他国との文化の違いを感じさせられる例は、ほかにも食生活の違いや挨拶の仕方の違いなどからも指摘できるものがたくさんあります。これらの文化の違いは、普段意識していないだけに、あらためて示されてみるとカルチャーショックを受ける方もいるでしょう。

なお、「異文化」というと、私たちは国と国の関係を思い浮かべがちですが、日本国内でも、地域間に文化的差異は存在しています。そういった広い視点で異文化との接し方について考えてみることも大切でしょう。

手順2　自国の文化を客観的にとらえる。

●「何となく分かる」ことからの脱却を

日本人は他国の文化に触れることが少ないということは、自分たちの文化を顧みる機会が少ないということでもあります。海外留学した際、ホストファミリーに歌舞伎や座禅、着物のことなど、日本文化のことを尋ねられて、何も答えることができなかったという話はよく聞きます。

答えられなかったのは、語学力の問題だけではないでしょう。日本人像や日本文化について、私たちは「分かりきったこと」として、普段、あらためて考えることをしていません。「何となく分かる」から、客観的に見つめ、理解することを怠ってきたということです。実は、これこそが最も大きな問題点なのではないでしょうか。

今あらためて、日本の伝統文化を見直すことの大切さが問われています。島国で育まれた日本の特殊性ばかりにとらわれることなく、「何となく」ではなく冷静な態度で、つまり客観的に日本文化の長所と短所を分析し、それとともに海外に伝えるコミュニケーション能力を養おうということです。

海外の異文化とのコミュニケーションに際しては、相手国の基本情報を得るのは当然のことですが、それを読み解くためにも、日本人である自分の慣習や価値観などへの理解が大切でしょう。

- **・日本国内では、他国との文化の違いを知る機会が少ない。**
- **・日本人として、慣習や価値観などの自国の文化を理解する努力が必要。**

手順3 異文化との真の交流とは何かを考える。

●先入観を取り去って相手を見る

「日本人は時間を厳守する」と言われます。事実、行事や会議の開始時間が遅れることはまずありませんし、電車やバス・飛行機などが時間通り到着・出発するのは当たり前のように考えられています。約束した時間に理由なく遅れることには、非難されることを覚悟しなければなりません。

一方、アラブやラテン・アメリカ諸国の人は時間にルーズだと言われています。例えば、ラテン・アメリカの家庭パーティーに招かれた場合に、夜の八時ごろという約束が十時ごろになるケースもよくあることですし、アラブやイスラエルなどでは、「『明日』と言われたら『来週』、『来週』と言われたら『来月』と考えておいた方がいい」などと言われたりもします。

しかし、相手を知る際に大切なことは、自分の中の先入観や固定観念をなくすことです。「この国の人は時間にルーズ」などと結論を安易に出さないことです。時間にルーズだと言われているアラブ人も、公式行事のようなことは時間通りきっちりとやりますし、自分の利益にも関わることでしたら必ず時間を守ります。南米にはドイツ系移民やアメリカへの留学経験者も相当多いので、そういうラテン系の人たちが日本人と会うときは約束通りの時間に現れます。先入観を持ったまま接すると、こちらのほうが非常識な人だということにもなりかねません。

大事なことは、文化や風俗、歴史の差異に拒否反応を起こすことなく、冷静に相手を見ることです。相手と日本、どちらの文化が優れているかという一方的なアプローチではなく、両者の文化間に優劣はなく、それぞれの独自性と特殊性を尊重するという考え方こそが、国際化時代の私たちに求められているのです。

つまり、日本人としての自分を客観的にとらえ、その上で相手の文化を正確に理解すること。それが本当の意味での交流につながるのだと言えるでしょう。

- **・異文化の人と接する時は、自分の中の先入観・固定観念を取り払うこと。**
- **・文化間に優劣はない。互いの独自性を尊重すること。**

手順4 小論文攻略の型に当てはめて主張をまとめる。

この課題は、意見提示型答案パターンでも、問題解決型答案パターンでもまとめることが可能です。

〈意見提示型答案の場合〉

序　論…異文化理解についての自分の意見を提示する。

自国の文化や考え方を理解することが、相手の文化を理解することにつながることを訴えていきましょう。

⇩　国や地域には、それぞれ伝統的に守られてきた習慣や価値観がある。私たちは自らの文化が最も正しいと考える傾向にあり、他の文化を否定しがちだが、こうした自文化中心主義的な態度が異文化を持つ人々との軋轢(あつれき)を生むのだ。

本　論…自分の意見を裏付けるための理由付けをする。

序論で提示した意見を裏付ける具体例を挙げて、相手文化に対する固定観念を排除し、正確に理解することの大切さを述べます。

⇩　例えば、指で食事を摂る習慣の国があるが、それは味覚は指にもあり、触覚や温度も含めた総合的感覚で食物を味わうためだという。こうした考え方を理解しないで表面的にとらえると、異文化を批判的にとらえることにつながってしまう。

結　論…まとめとして、再度自分の意見を確認する。

自国の文化と他国の文化間には優劣はなく、互いの独自性と特殊性を尊重する考え方が大切という方向でまとめましょう。

⇩　異文化に対する偏見や先入観は、異文化理解の障害でしかない。まず自文化中心主義から

脱することが必要だ。そして、対立を恐れず、互いの文化の相違点や類似点を真正面からとらえ、理解に向けて努力することが大切だと考える。

〈問題解決型答案の場合〉

序　論…異文化理解のための問題点を示す。

旅行やメールのやりとりなどで異文化の人々と接した際のことを振り返り、問題点と思われることや反省点を挙げてみます。

⇩　ホームステイで仲良くなったイギリス人の友人がいる。ある時、日本の着物のことを聞かれたのだが何一つ答えられなかった。会話ができるというだけでは、異文化で育った人とのコミュニケーションは成り立たないことを思い知った。

本　論…問題点の原因や背景を考える。

序論部で取り上げた異文化との軋轢が生じた原因を考察し、結論部での解決策へとつなげていくようにします。

⇩　日本人はもともと自分の考えを相手に伝えるのが苦手だと言われる。狭い島国の中だけで生活してきた歴史がその原因だ。国内では自分の伝えたいことは相手に察してもらえる。しかし、異文化の人々との交流ではその流儀は成り立たない。

結　論…問題点の解決策を提示する。

自国の文化を学ぶことの大切さとともに、双方向のコミュニケーションが大切なことを訴えるようにします。

⇩ 自国の文化や歴史について学ぶことが相手の文化を尊重する態度を育むことになる。自国の文化をよく理解することによってこそ活発な交流も可能となり、双方向の異文化コミュニケーションが図れるのだと考える。

■高校生の答案から

私は、異文化の人々と接するときには、会話等の内で言葉や動きによって誤解が生じないように気をつけるべきだと思う。

それぞれの文化の中には、同じ言葉や動きにでも、それぞれの文化ではまったく別の意味を持っているものもある。それらを知らずにコミュニケーションをとったりすると、相手を不快な気持ちにしてしまうことがあるのだ。

これは私が英語の時間に知ったことなのだが、例えばわかれる時に相手の掌に、つばをはく国がある。その国では「あなたに幸福がありますように」という意味であるが、こんなこと日本でしたら、間違いなく嫌われてしまうだろう。逆に、日本ではお祝いに時計を

・「とき」「時」⬇(仮名表記か漢字表記か、どちらかに統一しましょう。)
・内で⬇**中で**
・思う⬇**考える**
・それぞれの文化では⬇(削除。一文の中での表現のダブりは避けるようにします。)
・これは私が……のだが、⬇(削除。)
・わかれる⬇**別れる**
・「、」⬇(不要な読点です。削除。以下同様に。)

贈ったりすることがあるが、中国で時計は、》「死」という意味を持っているため、間違えても贈ってはならない。このように、自国では普通であることも、》他国では悪い意味でとられることもあるので、注意しなければならない。

もちろん、留学や旅行などで、》他国に行くときは、前もって行く国に対しての知識をつけることができるのだが、街中で外国人と接したりするときは突然の予測できないことが生じたりする。この時、お互いに共通の言語を話せるのが一番よいのであるが、そんなことも多くはないだろう。そんなときは、身振り手振りでなんとかコミュニケーションをとるか、あるいは、紙などに絵や言葉を書くのもありだと思う。絵や言葉を書くことで、相手の表現したい物や事、聞きとりにくかった単語なども理解することが楽になるはずだ。

お互いに伝わりにくいことでも、何とかやっていくうちに、》お互いの国の文化について少しずつ知っていくことができる。そうした知識を蓄えていくことで、》相手国のことが分かり、お互いに誤解が生じにくくなるのだ。

・という意味である➡ということを意味する
・こんなこと➡このようなことを
・行く国に➡その国に
・知識をつける➡知識を学ぶ
・そんなことも➡そのようなことは
・そんなとき➡そのような場合
・ありだ➡一つの方法だ

【評　価】（A～E五段階評価）

〈内容〉
・課題と論点の整合性……A
・主張の明確さ……A
・主張を裏付ける適切な根拠……A
・論述の客観性……B
・論述内容の深さ……B

〈表現〉
・原稿用紙の使い方……A
・構成の的確さ……B
・誤字・脱字・文法の正しさ……B
・文章表現の適切さ……C

【講　評】

◎序論部（第一・第二段落）では、最初に異文化の人々と接するとき気をつけるべきことが簡潔に述べられ、その理由も示すことができています。

◎本論部（第三段落）では、一つの行為が異なる文化を持つ国では別の意味を持ってしまうことが具体例を挙げて述べられています。とても分かりやすい例を挙げることができました。ここでは更に、自分たちの文化や習慣が普通だと思いがちな私たちの問題点を指摘すると良いでしょう。

◎結論部（第四・第五段落）では、前段で指摘した問題点について、なぜそれが問題なのか、なぜそのような問題が起きてしまうのか、背景にはどのようなことがあるのかを分析し、結論としての気をつけるべきことにつなげていきましょう。

◎読点は適切に使うと文意が明確になるのですが、多過ぎると読みにくくなります。二重傍線部の読点は不要です。削除しましょう。

国際化❷　少子化時代を支える「移民政策」

第二次世界大戦後の日本は、外国人が単純労働に従事することを厳格に排除してきました。しかし近年は、バブル景気や人口減少による人手不足に対応するため、外国人に就労の門戸が徐々に開放され、私たちの肌感覚としても外国人労働者をよく見かけるようになったと感じます。島国である日本にも外国人が流入してくることが当たり前になった今、私たちは何を学んでこの国際化の時代に対応していくべきなのでしょうか。

問題

次の文章を読んで、後の問いに答えなさい。

①日本が直面する最大の課題が少子化による経済の縮小にあることは言をまたない。ファーストリテイリング会長兼社長の柳井正氏は、「『正常に縮む』みたいなことはありえませんね。縮めばすなわち衰退、あるいは病気になると思います」と縮小均衡でよいとする考えを一蹴する。そのうえで、特に若い人が現状を変革するという意欲を持つような教育をしなければならないと述べ、社会人を含めた教育の必要性を訴えている。

②少子化ならば一人ひとりの子どもをきちんと育てる施策が必要である。大阪府教育委員会特別顧問の藤原和博氏は、「一割程度の家庭が、可能ならば子どもと親を早く分離したほうが

良いというケースに相当する」と述べ、家庭に恵まれない子どもを学校に囲い込む努力が必要で、そこに注力することが教育政策の要であると論じている。

③それと同時に家族政策も必要であろう。具体的には出産休暇や出産後に職場に戻れるような体制をきちんと作っておかなくてはならない。子どもが生まれたら解雇されるようでは、とても出生率は上がらないであろう。

④もう一つ重要なのが、移民政策である。政治家、とりわけ民主党がこの点に気づいていないわけではない。少し古い話になるが、二〇〇三年、当時の民主党若手有力議員の共同提案として「一〇〇〇万人移民受け入れ構想」なるものが雑誌に掲載された。その中で彼らは日本が何をおいても早急に取り組まなくてはならない課題として少子化対策を挙げ、移民受け入れをその柱と位置づけている。

⑤それにもかかわらず、その移民政策は民主党のマニフェストからすっぽり抜け落ちていた。景気悪化のため、国内雇用の保護を訴える圧力に抗し切れなかったと指摘する議論も見られる。

⑥しかし、移民を制限したからといって企業が日本人を雇うわけではない。経済学の巨星ポール・サミュエルソン氏は、技術移転と貿易自由化が進めば、賃金も同じ額に収斂（しゅうれん）するという「要素価格均等化定理」を証明した。この定理に基づけば、本来賃金が十分の一の国があること自体が不自然であり、そのような国があれば、企業はそちらの国に行って工場を建て、生

産をするまでだろう。海外進出ができない中小企業は没落していく。日本から離れられない私たちにとって、さらなる空洞化の影響は計り知れないぐらい大きい。

⑦移民への感情論も避けなくてはならない。最近の実証研究によれば、国内で外国人労働者の多い地域では、生産性の低い産業が残ってはいるものの、社会全体としては日本人労働者にも悪影響は生じていないという。

⑧また、移民は労働者であると同時に消費者でもある。移民が増えることで地域経済が活性化するのであれば、日本人労働者にとってもプラスの側面のほうが大きくなるのは間違いない。では、低廉な労働力確保を目的として移民政策を推進してもよいのだろうか。

⑨井口泰氏によれば、答えは否である。移民を安価な労働力としか見ない産業界の一部に目立つ考え方は、昨今の不況と相まって、さまざまな形で社会問題を顕在化させつつあるという。社会保障や教育環境を整備し、移民を日本人同様に扱わなければ、真の少子化対策にはならない。具体的には、学生や労働者を積極的に受け入れ、日本に定住してもらったり、母国に戻って知日派となって再び学生や労働者を送り出してもらったりする。そういう「循環移民」を作り出すべきだというのが同氏の主張である。

⑩日本の子どもたちにとっても、コスモポリタンとなるうえで異文化交流は欠かせない。グローバル化した世界では多様な人々とうまくやっていく能力が求められるようになるからだ。

⑪その意味では、欧州ですでに重要な政治テーマとなっている、貧困者、障害者、外国出身

者など社会から排除されている人々をいかに社会の中に取り込むかという問題にも早急に取り組まねばならない。多様な考えを育む土壌づくりを急がなくてはならないのである。

⑫私たちは後世の人々に、あの時代は本来は暗い時代であったにもかかわらず、「先人の知恵」で特別な時代になったといわれるよう努めなくてはならない。増税論議もそうだが、そのためには、口をつぐんだり、口当たりのいい議論でお茶を濁したりするのではなく、国や社会の枠組みについて、タブーを作らず徹底的に議論をすべきなのではないか。移民問題はそうした課題の一つといえるだろう。

＊段落の頭の数字は、形式的に原文に付加したもの。

（松井彰彦『不自由な経済』日本経済新聞出版社）

問一　本文を四〇〇字以内で要約しなさい。

問二　少子化対策としての移民政策のあり方に関して、本文中で述べられていることを踏まえ、あなた自身の考えを六〇〇字以内で述べなさい。

手順1　課題文の内容をつかみ、要約する。

まず、課題文の内容の把握です。課題文が読み取りにくい場合は、段落ごとに一文か二文で内容をまとめてみましょう。内容がつかみやすくなります。

【段落のまとめ】

第①段落…日本が直面する最大の課題は少子化による経済の縮小であるが、若い人が現状を変革するという意欲を持つような教育をしなければならない。

第②段落…一人ひとりの子どもをきちんと育てる施策が必要だ。家庭に恵まれない子どもを学校に囲い込む努力が教育政策の要である。

第③段落…家族政策も必要だ。子どもが生まれたら解雇されるようでは出生率はあがらない。

第④段落…移民政策も重要だ。少子化対策として移民受け入れを挙げる政党もある。

第⑤段落…景気悪化のため、国内雇用の保護を訴える声もある。

第⑥段落…しかし、移民の制限が日本人の雇用につながるわけではない。

第⑦段落…移民への感情論も避けなければならない。国内の外国人労働者の多い地域で、日本人労働者に悪影響は生じていないという実証研究もある。

第⑧段落…移民は労働者であると同時に消費者だ。移民が増えることで地域経済が活性化するのであれば、日本人労働者にとってもプラスになる。だが、低廉な労働力確保を目的として移民政策を推進してよいのか。

第⑨段落…答えは、否だ。学生や労働者を積極的に受け入れ、日本に定住してもらったり、母国に戻って知日派となり再び学生・労働者を送り出してもらったりする「循環移民」を作り出すべきだ。

第⑩段落…日本の子どもたちにとっても異文化交流は欠かせない。グローバル化した世界では多様な人々とうまくやっていく能力が求められる。

第⑪段落…その意味で、貧困者、障害者、外国出身者など弱者を社会に取り込むという問題にも取り組むべきだ。多様な考えを育む土壌づくりを急がなくてはならない。

第⑫段落…私たちは、国や社会の枠組みについて、徹底的に議論をすべきではないか。移民問題はその一つといえる。

●要約する際には

要約問題は入試小論文でもよく出題されますが、苦手とする高校生が多いようです。この課題文の場合は引用文が多用され、その引用を畳みかけるようにして筆者の主張が形作られていますので、要約しにくい文章と言えます。

要約の際には課題文を一本の大きな樹木と考えてみましょう。そこには幹と枝葉があります。幹は、言うまでもなく筆者の主張となる部分です。枝葉は、筆者の主張を導くための具体例だったり、補強するために引用している部分であったりします。要約は、この幹に当たる部分を削り出す作業です。枝葉に相当する部分、一般的には「例えば」や「……など」の言葉で導かれる具体例の部分ですが、ここを思い切って斜線でカットしてしまうと、幹に相当する部分が見えやすくなるはずです。

ここでの要約文は四〇〇字という多めの字数が指定されています（一般的には、一〇〇字～二〇〇字が多い）。段落要約をもとに解答の指定字数に合わせてまとめるようにします。なお、要約文をまとめる際の答案のマス目は字数を数えるためのマスですから、原稿用紙の使い方における注意点は適用されません。

・冒頭の一時下げは行いません。
・段落分けや改行は行いません。
・句点や読点、受けのカッコ等が行頭にきてもそのままにします。

【要約解答例】

日本の課題は少子化による経済の縮小だ。若者が現状変革への意欲を持つような教育が必要だ。子どもをきちんと育てる教育政策とともに、家族政策も必要だ。また、移民政策も重要だ。国内雇用の保護を訴える声もあるが、移民の制限が日本人雇用につながるわけではない。移民への感情論も避けるべきだ。外国人労働者の多い地域でも日本人労働者に悪影響は生じていない。移民は労働者であると同時に消費者だ。移民が増えることで経済が活性化すれば日本にとってもプラスだ。だが、低廉な労働力確保を目的として移民政策を推進してはならない。移民が知日派となり、母国に戻って再び学生・労働者を送り出すような「循環移民」を作り出すべきだ。グローバル化した世界では多様な人々とうまくやっていく能力が求められる。多様な考えを育む土壌づくりを急がなくてはならない。私たちは、国や社会の枠組みについて徹底的に議論をすべきだ。移民問題はその一つといえる。（四〇〇字）

課題文中の「民主党」とは二〇〇九年～二〇一二年に政権の座にあった政党のことです。自民党に代わり得る二大政党を模索していた時代でしたが、政権発足から間もない時期に発生した東日本大震災、東京電力福島第一原発事故への対応遅れなどもあり、三年余りの短命政権に終わりました。

また、課題文中には「グローバル化」という言葉も出てきます。「国際化」と同趣旨で使われることの多い言葉ですが、厳密には異なります。「国際化」とは国家や国境の存在を前提とした国家間ネットワークの広がりのことを言います。私たちが単に「国際化」と言うときは、主体は日本である場合が多く、「日本対アメリカ」などのように、日本が他の国とどう向き合うかという意味合いで使われます。一方の「グローバル化」とは、世界を一つの場ととらえ、そこでの共通ルールや価値観を構築していくことを言います。国家や国境という概念のないところが「国際化」との違いになります。

手順2　日本の移民政策の経緯を押さえる。

総務省の「労働力調査」によれば、日本の少子化がこのまま進めば、労働力人口は二〇三〇年までに約四八〇万人の減少、若者・女性・高齢者などの労働市場への参加が進まないケースの場合は一〇〇〇万人以上の減少が推計されるとしています。（少子化問題の概要については、84ページ「待ったなしの『少子高齢化』対策」参照）

少子化対策として筆者は、子どもの教育と家族政策に加えて「移民政策」の重要性を訴えています。労働力不足の解消策として、外国人労働者を受け入れるべきだという考え方です。設問は、この移民政策に対するみなさんの考えを問うています。まず、日本におけるこれまでの外国人労働者の実情を振り返り、移民政策のプラス面と課題となる点を考察していきましょう。

国際化

●日本における移民政策

コンビニや居酒屋で働く外国人労働者を目にする機会が多くなりました。それもそのはずで、二〇〇八年には約四九万人だった外国人労働者の数は、二〇一八年になると約一四六万人と三倍にも増えているのです。これまで外国人が働くことに対して厳しく制限する姿勢を取り続けてきた日本政府も、外国人労働者の受け入れに積極的な姿勢を見せ、二〇一八年に「出入国管理及び難民認定法」を改正して「特定技能」という在留資格を新設し、多くの外国人労働者を受け入れると明言しています。

それまでのおよそ半世紀、日本の外国人労働者政策は低賃金の出稼ぎ労働者に「単純労働者」として一定期間働いてもらい、その期間が終了したら定住せずに帰国してもらうというものでした。この「単純労働者」は、表向きは労働者としてではない形で入国している技能実習生や留学生などによって構成されています。政府は建前上は禁止しながら、労働力を補う形で、なし崩し的に外国人が働くことを黙認してきたのです。技能実習生や留学生の中には日本に渡航する費用を多額の借金で賄っている者も少なくないために、たとえ約束より低い賃金での重労働やさまざまなハラスメントに直面しても泣き寝入りするしかないなど、たびたび人権侵害が指摘されるような構造がありました。

八〇年代以降には経済成長を遂げた日本へアジア諸国からの流入が加速していきました。また、バブル景気に伴う人手不足によって、短期の観光ビザなどで入国して低賃金の労働者として働く出稼ぎの外国人も多かったのです。やがて日系ブラジル人やペルー人などの受け入れも拡大されました。

そして、前述のように二〇一八年の入管法改正により、「特定技能」を持つ外国人の受け入れが決定しました。しかし、外国人を低賃金の労働者として活用してきた技能実習制度はそのまま残ります。これまでの表向きは労働者ではなかった技能実習生や留学生（単純労働者）と、新たな制度下の「特定技能」を持つ就労者との関係性は、構造的にスムースな移行は可能なのでしょうか。問題点はまだまだ多いように思われます。

●クローズアップされる言葉の問題

多くの外国人は工場や農場で働くことになるのですが、当然労働の場以外での日常の生活があります。そうなると住まいや病院、買い物、子どもの教育など、さまざまな課題が出てきます。その中で特にクローズアップされるのが言葉の問題です。彼らには日本語を学習する機会が制度として保障されていないため、自ら勉強しなければなりません。子どもに関しては、公立学校での受け入れを通じてそれなりのサポートを受けられますが、学校によって対応力に差があるのも事実です。

言葉の問題は、仕事面ではキャリアアップ上の制約となり、生活においてもさまざまな局面で問題が発生します。子どもがいる家庭では、子どもの方が日本語の上達は早いのですが、親の母国語の習得がうまくいかずに、親子間でのコミュニケーションが難しくなるケースもあるのです。

子どもの教育問題もあります。日本国憲法には、親が子どもに義務教育を受けさせる就学義務がありますが、外国人の親や子どもにはその義務がありません。日本は子どもの権利条約を批准していることもあり、義務教育相当の公立学校では外国人の子どもを無償で受け入れています。ただ、義務ではないため約二万二〇〇〇人もの子どもたちが就学不明の状況だと言われます。政府もこれを問題視し、二〇一九年に「日本語教育推進法」を施行し、外国籍の子どもたちの就学機会を確保しようとしています。

手順3　外国人労働者受け入れのプラス面と課題への対策を考える。

課題文、および手順2での考察を踏まえた上で、今後の外国人労働者の受け入れに伴うプラス面と課題について考えていきましょう。

〈外国人労働者受け入れのプラス面〉（例）

・他国の文化流入によって新たな発見が生まれ、より多様な日本社会を築いていける。

・日本で働きたいという外国人を受け入れることは、国際的な観点からもプラスとなる。

・人手不足と言われる看護・介護分野や、農業などの製造分野での外国人労働者の受け入れ拡大は、双方にメリットとなる。

・外国人労働者の語学力を生かして教育、学習支援、情報通信分野での活躍が期待できる。

・海外の企業で働いていた熟練労働者が日本に来れば、むしろ日本人労働者を指導する立場になることも期待できる。

〈外国人労働者受け入れの課題と対策〉（例）

・治安の悪化が懸念される。

⇩　治安の悪化を必要以上に心配することは、それ自体外国人差別につながりかねない。日本人に比べて、外国人の犯罪発生率が高いという事実はない。外国人労働者の待遇を改善し、生活面でも暮らしやすい環境を整えるべきだ。

・言葉の壁、宗教などの文化・生活習慣の違いが地域住民との摩擦を生む。

⇩ 地域の実情に沿っての日本語教育、自治体での外国語によるホームページ作成、外国人専門の窓口設置などで、支障のないように受け入れていく。

・家族ごと日本に来た場合は、言葉や子どもの教育環境が問題となる。

⇩ 児童教育の段階からの日本語教育を実施。日本の文化・習慣についても情報を提供し、住民間の交流を図っていく。

以上のような、外国人労働者受け入れのメリット・課題を検討し、主張しやすい項目をもとに自分の意見を決めていきます。

生活面の言葉の壁に着目した場合は、これまで国として取り組んでいなかった日本語に関する支援など、彼らを社会的に受け入れる仕組みの構築を訴えても良いでしょう。労働面からは技能実習生や留学生など、しばしば人権侵害が指摘されている「事実上の外国人労働者」受け入れの構造を変えることなどの提言も考えられます。

手順4 小論文攻略の型に当てはめて構成を考える。

この課題の場合は三段構成**意見提示型答案**のパターンでまとめましょう。

序　論…問題に対する自分のスタンスを明らかにする。

まず最初に、課題文の主旨を簡略にまとめます。その上で日本における移民政策について自分の立場や意見を明示します。

⇩　筆者は、少子化による労働力の減少対策として、「教育政策」「家族政策」とともに「移民政策」の必要性を主張している。私は、特に外国人労働者の受け入れが不可欠と考える。

本　論…具体例を挙げて、なぜその立場に立つのか、理由を示す。

次に、なぜ序論で示した見解を持つに至ったのか、理由を具体的に述べるようにします。自身の経験や身の周りで見聞したことをもとに理由付けを考えましょう。

⇩　私の父の実家は農家であるが、今や東南アジア系の労働者は貴重な働き手となっている。確かに、言葉の問題や習慣の違いで行き違いが生じることもあるというが、受け入れ窓口の行政やNPO法人の存在が大きな助けとなっている。

結　論…前向きにまとめ、意見を再提示する。

今後の日本社会のあるべき姿にも触れつつ、意見をまとめます。結論は、序論で提示した意見に沿ったものとなっていることが大切です。

⇩　大切なことは、受け入れる側の寛容さにあると考える。外国人労働者を日本の社会から排除するようなことがあってはならない。外国人労働者の家族も移り住んでくれれば、その子どもは将来日本と出身国の架け橋になってくれるはずだ。

■高校生の答案から（要約解答は省略）

課題文では、日本が直面する最大の課題は少子化による経済の縮小だとある。筆者は、少子化による労働力の減少対策として、「移民政策」の必要性を主張している。私は、筆者の意見に対して、賛成である。なぜなら、若者や女性、高齢者などの労働市場への参加が進まない場合、外国人労働者の受け入れが不可欠となるからだ。

確かに、言葉の問題や習慣の違いに軋（きし）みを生じることもあると考えられる。しかし、外国人労働者を受け入れは、グローバル化という現代社会において、国際的な観点でプラスとなり、人手不足との双方でメリットとなると考える。実際に、私の父は建設業で、職場に外国人労働者がいると言っていた。海外での知識を生かし、父たちに指導を行っている。今ではこの外国人労働者が、重要な存在になっているという。

以上のことから私は、外国人労働者の必要性を学んだ。外国人労働者の受け入れにあたり、日本人社会との交流が課題となる。外国人を日本の社会から排除するようなことがあってはならない。その

・対して、➡（削除。）

・外国人労働者を➡外国人労働者の

・建設業で➡建設業に携わっているが

・海外での知識➡その方は、海外での経験や知識

対策として、地域で積極的な交流を図ることや、外国人労働者の待遇を改善し、生活面でも暮らしやすい環境を整えることだと考える。外国人労働者の家族が移住してくることも考えられる。日本で育つ子どもは、やがて日本と出身国をつなぐ存在となることだろう。私は、外国人労働者を家族ともども積極的に受け入れるべきだと考える。

【評　価】（A～E五段階評価）

〈内容〉
・課題と論点の整合性……………A
・主張の明確さ……………………A
・主張を裏付ける適切な根拠……B
・論述の客観性……………………A
・論述内容の深さ…………………B

〈表現〉
・原稿用紙の使い方…………………A
・構成の的確さ………………………A
・誤字・脱字・文法の正しさ………B
・文章表現の適切さ…………………B

【講　評】

◎序論部では、課題文における筆者の主張に対して賛成の意を表明しています。さらにその理由も簡略に示しています。とても良い書き出しです。

◎本論部では、外国人労働者の受け入れがグローバル化の観点と人手不足解消の点からメリットになるとして、父親の職場での例が挙げられています。この例で挙げられている外国人は熟練労働者と想像されますが、非熟練労働者（単純労働者）のケースも考察すると内容に深みが出るでしょう。

◎結論部では、外国人労働者の受け入れに当たり、日本人社会との融和策を提言しています。地域での交流にも触れられていますが、やや総論的になっています。言葉の習得などについての具体的な提案なども考えてみましょう。

七　教育

第二次世界大戦後の日本の教育は、戦前の国家主義的教育の反省から、民主主義に軸足を置いた新しい伸びやかな教育へと転換しました。現代の教育も、その延長線上にあるのですが、近年、行き過ぎた自由や個の尊重が、子どもに社会の秩序や「公」の意識を欠落させてしまったという批判を招いています。

しかし、教育方針がいかに変えられようと、その影響を直接受けるのは子どもたちです。子どもたちにとって、どのような教育が望ましいのでしょうか。「教育環境」と子どもの成長、「主体性」を育む環境という視点で考えてみましょう。

教育❶　「子どもと環境」について考える

現在の日本では少子化傾向が著しく、兄弟姉妹との間柄から人間関係を学ぶ機会が少なくなっています。ゲームなどの一人遊びが増え、集団生活への適応の仕方が分からない子どもの増加が問題になっています。学校ではいじめや不登校の問題もあります。しつけなど家庭の問題もあるかもしれません。地域の結びつきも薄れてきており、社会全体で子どもを育てていくという意識が希薄になってきているのも原因の一つかもしれません。ここでは、子どもを取り巻く環境から教育の問題点を考えていきます。

問題

近年、幼稚園におけるキレる子どもの存在や、小学校低学年の学級崩壊などがしばしば話題になります。現在の子どもを取り巻く環境にはどのような問題があり、それをどのように解決していくべきだと考えますか。あなたの考えを八〇〇字以内で書きなさい。

手順1 子どもたちの育ちをめぐる現状と背景を考える。

設問で問われているのは、「現在の子どもを取り巻く環境にはどのような問題があるのか」、「それをどのように解決していくべきなのか」の二点です。子どもの育ちについて「キレる子ども」や「学級崩壊」が話題になっているとあります。二つの現象をもとに、子どもたちの育ちをめぐる問題の背景を考察していきましょう。

子どもたちの育ちをめぐる問題

幼稚園でのキレる子ども

（物を投げつけるなど）

→
- 他の子どもとの関わりが苦手
- 自制心や我慢する力が育っていない

小学校低学年の学級崩壊

（授業中に歩き回るなど）

→
- 学習に集中できない
- 先生の話が聞けずに授業が成立しない

子どもたちの成長への機会が失われている

●成長への体験機会の喪失

近年の幼児の育ちについては、基本的な生活習慣や態度が身についていない、他者との関わりが苦手、自制心や耐性が十分に育っていない、運動能力が低下しているなどの課題が指摘されています。幼児段階でのキレる子どもや学級崩壊というと、思うようにいかない時にイライラしてすぐに泣きわめいて物を投げつける子や、授業中に机に座っていることができずに歩き回ったり騒いだりする生徒などの姿が浮かんできます。

子どもたちが成長し自立する上では、成功や喜びのプラス体験は当然のこと、挫折などのマイナス体験も含めて、さまざまな経験をすることが大切です。しかし、現在の子どもたちの周りは少子化や核家族化が進行し、子どもどうしが遊びに熱中して、時にけんかをしながら互いに影響しあって活動する機会が減少しています。子どもたちの成長に欠かせない体験の機会が失われているのです。

また、都市化や情報化の進展によって、子どもの生活空間の中に自然や公園などといった遊び場が少なくなる一方で、テレビゲームやインターネット等の室内の遊びが増えるなど、偏った体験を余儀なくされています。このような環境の変化が子どもたちの心の危機に密接に関わっているように思われます。

手順2 子どもたちの育ちに必要なものを考える。

●遊びの中で育まれる「社会性」

人間が複数いると、欲求は必ずぶつかり合います。それを調整するには、大人の世界ならば話し合いということになりますが、子どもの場合なら、けんかをしながらうまく妥協点を見つけていくことになります。そういう力は、「社会性」と言われる能力です。協調性や適応性と言うこともできます。その力は、かつては誰もが幼い頃の遊びから学んでいました。歳の違う兄弟や友達などのさまざまな人たちと触れ合い、けんかしたり叱られたりする中で、ここから先はやってはいけないということを学んでいきます。

そうしてみると、人間として不可欠の「社会性」は、幼い頃の遊びなどの人との関わりの中から身についていくものだということが分かります。

子どもの「社会性」の育み

子どもたちどうしの欲求のぶつかり合い
↓
けんかをしながらうまく妥協点を見つけていく
↓
人との関わりの中から「社会性」が育まれる

手順3　設問を踏まえて、どのような点について小論文を書くか考える。

●「社会性」を身につける視点

子どもにとっては勉強も運動も大切ですが、人間は一人では生きていけません。社会性は子どもが自立していく上で最も重要な力と言えます。子どもたちがいろいろな友達や世代の異なる人たちと関わることは、人間関係の範囲を広げ、社会性を育てることにつながります。

まず、自分自身のこれまでを振り返ってみましょう。幼い頃から高校生になるまで自分はどういう環境で育ってきたのか、その環境は自分が成長する中にあってどういう意味を持っていたのかを考察します。

・祖父母との交流など、家庭での教育環境のこと。
・親の手伝いや病気の家族の看病など、日常的な関わりの積み重ねが自分の心に与えた影響のこと。
・スポーツチームに入り、年齢の異なった仲間たちと活動した経験のこと。
・部活動や学習塾での人間関係のこと。

さまざまな環境下で、自分が協調性や適応性をどう学んだのかを考えてみます。振り返るにあたってのポイントは、「社会性」を身につけることができたかどうかという点です。これらの考察から、「環境」と「心の育ち」との関係性を探っていきます。その上で、今後の子どもたちへの教育のあり方と環境づくりについて述べていきます。

高校生のみなさんは、まだ子どもを育てた経験はないでしょうが、自分の子ども時代の実体験をそのまま述べるのではなく、育てる側に視点を変化させて考察してみましょう。子どもに読み聞かせをしたり、習い事に通わせたり、ゲーム機やスマホを与える時期を考慮したりすることは家庭での教育の一環です。自分が子どもを育てる立場に立ってものごとを考えることは、論述に幅と客観性を与えてくれるでしょう。

手順4 小論文攻略の型に当てはめて主張をまとめる。

この課題では、あらかじめ「キレる子ども」「学級崩壊」といった問題が提示され、その解決策を論じることが要求されています。このような課題の場合は「問題解決型答案」のパターンでまとめてみましょう。教育に関する課題は、この「問題解決型答案」でまとめるケースが多くなります。

序　論…子どもを取り巻く環境の問題点を示す。

まず、キレる子どもの存在や学級崩壊などの、子どもを取り巻く環境の問題点を明らかにしましょう。

⇩ 現在の日本では、少子化や核家族化が進行し、兄弟の数も少なく、子どもどうしが遊んだりけんかをしたりする経験が少なくなっている。人と人が触れ合ってこそ心が育つものと考えるが、現状では子どもの心が育つ環境とは言えない。

本　論…問題点の理由や背景を考察する。

次に、なぜそのような問題が生じるのか、原因や社会的背景を考えてみます。例として自身の体験を挙げると説得力のある小論文となります。

⇩　中学時代に職場体験で保育園に行ったことがある。そこに、いつも突然にわめき出す子どもがいた。その子は祖母と二人きりで過ごすことが多く、寂しさやストレスを抱えているようだった。家庭環境は子どもにとって大きな意味を持つのだ。

結　論…解決へ向けての提言をする。

子どもの心が育つ環境とはどのようなものか。またその環境づくりのために何をするべきかの提言をします。

⇩　子どもにとって必要なことは「社会性」を育む環境である。人と人が触れ合うことによってのみ社会性は育まれる。少子化時代の今、子どもの問題を地域社会の問題としてとらえ、地域全体で子どもたちを育てる視点が大切だと考える。

■高校生の答案から

現在の子どもを取り巻く環境において問題となっているのは、様々な立場や年齢の人々と接する機会が少ないことである。このことが原因で、他者と上手く人間関係を築く能力が身につかないことが多いのだ。そしてその結果、自分の意見を一方的に押しつけ、「キレる」子どもが増えているのだと考えられる。様々な立場や年

・自分の意見を……考えられる⬇
（キレる子どもや子どもの幼児化は現象のひとつですから、「**子どもが社会性を身につけることが難しくなっている**」としたほうが良いでしょう。）

齢の人々と接する機会が少ない一つの要因は、少子化である。かつてどこでも見られた、子どもたちが年齢を越えて遊ぶ姿は少子化によりあまり見られなくなっている。具体例をあげれば、私の地域で定期的に小学生が集まって遊ぶ、という行事は、子どもの数が減るにつれ少しずつ行われなくなっていった、という事例がある。また、少子化以外の要因として、周りの環境が安全でないこともあげられる。よく不審者が出た、などと耳にするが、そのせいで子どもたちが簡単には出歩けなくなっているのだ。親や教師など子どもを取り巻く大人は、子どもだけで遊んだり、知らない人と話したりするのを禁じる。そうなれば子どもは必然的に一人で家にいるほかなくなる。また最近では、例え近くに住んでいても、親や教師以外の大人は、うかつに子どもにあいさつさえできないと聞く。

このような状況を見てみると、様々な立場や年齢の人々と子どもが接する機会というのは、自然には生まれない。すなわち、意図的に作り出すことが必要である。異年齢保育も一つの手段である。他にも、家族ぐるみで参加できる地域行事を企画したり、子どもが遊んでいる時に当番制で大人が見守るようにしたりという取組も考え

・様々な立場や年齢⬇（ここで改行し、本論を構成しましょう。）
・あげれば⬇**挙げれば**
・少しずつ⬇**次第に**
・いった、という事例がある⬇**いる**
・あげられる⬇**挙げられる**
・例え⬇**たとえ**（「たとえ…しても」という副詞の場合は平仮名で表記しましょう。）
・機会というのは、⬇**機会は**
・取組⬇**取り組み**

られるだろう。

現在の子どもを取り巻く環境で問題となっているのは様々な立場や年齢の人と接する機会が少ないことである。それを解決するため、周りの大人が協力し、機会を作り出すことが必要である。

・現在の⬇（この段落は前の段落に続け、結論部としてまとめましょう。）

【評　価】（A～E五段階評価）

〈内容〉
・課題と論点の整合性……………A
・主張の明確さ……………………A
・主張を裏付ける適切な根拠……C
・論述の客観性……………………B
・論述内容の深さ…………………B

〈表現〉
・原稿用紙の使い方………………A
・構成の的確さ……………………C
・誤字・脱字・文法の正しさ……B
・文章表現の適切さ………………B

【講　評】

◎序論部（第一段落）のみで六割を超える字数を費やしています。序論・本論・結論の三段のバランスを考えた構成を意識してまとめるようにしましょう。

冒頭で、問題のポイントをとらえ、子どもが人と関わる機会が少なくなっているということを押さえることができています。

◎七行目「子どもたちが年齢を越えて遊ぶ姿は」以降、子どもが人と関わる機会が少なくなった例として「行事」を挙げていますが、ふさわしい例とは言えません。子どもが日常的に集団で遊び、集団の中で揉まれることにより人間関係を学ぶ機会が減った点に着目して具体例を考えてみましょう。

◎結論部（第三段落）で、地域社会が行事を企画し、子どもが安全に過ごす空間を提供するという提案ができています。さらに、異年齢の人と触れ合い、遊ぶ場を、地域・学校・家庭がどう提供すればよいかを述べると、より説得力のある小論文となるでしょう。

教育❷ 「主体性」を育てる教育

「主体性」とは、自分の意思や判断で行動しようとする態度や性質のことです。指示待ちではなく自ら判断し先々を考えて行動する力は、親が子ども達に是非とも身につけてほしいと願う力でしょう。どうすれば主体性を育てることができるのでしょうか。ここでは、子どもの主体性を引き出す方法、教育を考えてみましょう。

問題

次の課題文は、自分自身で考えるという主体性を育てることについて書かれたものです。筆者の意見を参考にして、子どもの主体性を育てることについてあなたの考えを八〇〇字以内で書きなさい。

さて、主体性の問題である。

ぼくは「なでしこジャパン」のことを考えている。あれが「主体性」の具現化なのだとぼくは思う。

思えば「なでしこジャパン」という名称は実に象徴的であった。男子サッカーチームはオフト・ジャパン、ファルカン・ジャパン、加茂ジャパン、岡田ジャパン、トルシエ・ジャパン、ジーコ・ジャパン、オシム・ジャパン、そしてザック・ジャパンと「監督名」で呼称された。しかし、なでしこジャパンは「佐々木ジャパン」ではなかった。あくまでも「なでしこ」であった。

単なる偶然かもしれない。しかし、それは象徴的な偶然であったようにぼくには思える。佐々木則夫監督があのタフなチームを作ったのは事実だが、タフだったのは選手自身だったからだ。彼女たちは、トルシエやジーコやオシムが批判した「主体性のない」日本人ではなかった。中田のようにただただ自己主張し、浮いてしまう存在でもなかった。（中略）

二〇一一年ワールドカップ。日本はニュージーランド、メキシコに勝利し、予選リーグを突破した。しかし、体格の大きなイングランドに敗れ、予選二位通過となった。その結果、開催国にして優勝候補のドイツと戦うことを余儀なくされる。

ここで日本の進撃は終わると誰もが思った。ぼくもそう考えた。

しかし、日本は劣勢をはねのけ、延長戦の末にドイツを１－０で破る。次いで準決勝ではスウェーデンに快勝（３－１）し、初の決勝に進んだ。

決勝の相手はアメリカ。一度も勝ったことのない強豪である。（中略）

試合は終了し、ペナルティ・キック戦（ＰＫ戦）となった。

円陣を組む日本代表。佐々木監督は笑顔だった。対するアメリカの選手たちは信じられない、といった顔で茫然自失としていた。この時点で勝負あったといってよい。ＰＫ戦ではアメリカのキックが次々とブロックされ、日本はついにワールドカップ優勝を果たしたのである。

ドイツ戦もそうだったが、アメリカ戦でも選手たちのメンタルな強さはものすごかった。それはかつての木村や水沼、加藤の時代の「根性」や「調和」とも、カズやラモスの「情熱」とも、中田の「我」とも異なるものであった。

彼女たちは個として自立しており、同時にチームとしても調和していた。どんな苦境にあってもパニックにならず、舞い上がったりもせず、かといって意気消沈もせずに情熱とクールさの間で見事なメンタルを維持していた。

プレーの工夫も素晴らしかった。テクニカルに優れたパスサッカーを展開したなでしこジャパンは、監督の理念やコンセプトを十分に理解し、具現化していた。かといって監督の言われるままにプレーしていたわけでもなかった。決勝戦の宮間の同点ゴール。あそこで前線までずっと走って行き、相手のミスを狙ったプレーは、普段の練習を反復したり、コーチに指示されるだけでできるものではない。自分で考え、判断したプレーである。澤の同点ゴールもとっさの即興的プレーで、監督の指示できるものではない。そこには選手個人の「主体性」がある。

しかも、チームとして調和している。（中略）
佐々木監督は選手たちに自分の頭で考えるよう常に要求し「答えを与えなかった」。
答えは自らピッチ上で見つけなければ意味がない。

佐々木監督には理念とするサッカー像はある。しかし、それを選手に教え、選手が実践してもそれは真の実践とは言えない。そんなことをさせても「アーリークロスと言われたらいつもアーリークロスを上げる」思考停止の選手ができるだけである。理念を自ら見つけ出すよう、佐々木監督は「答えを教えない」。答えを選手自らが見つけ出すよう、促しながら待つのである。

（『主体性は教えられるか』岩田健太郎　筑摩選書）

手順1　主体性について、課題文ではどのように述べられているのかをつかむ。

課題文は、二〇一一年のサッカーＦＩＦＡ女子ワールドカップで優勝した「なでしこジャパン」の選手たちを「主体性」の具現化の例として挙げています。選手たちが監督に言われるままにプレーするのではなく、自分で考え判断した結果として「個として自立」し、同時に「チームとしても調和」していた点を評価しています。そこには、「答え」を選手自らが見つけ出すよう、「促しながら待つ」という指導者の理念があったことも述べられています。

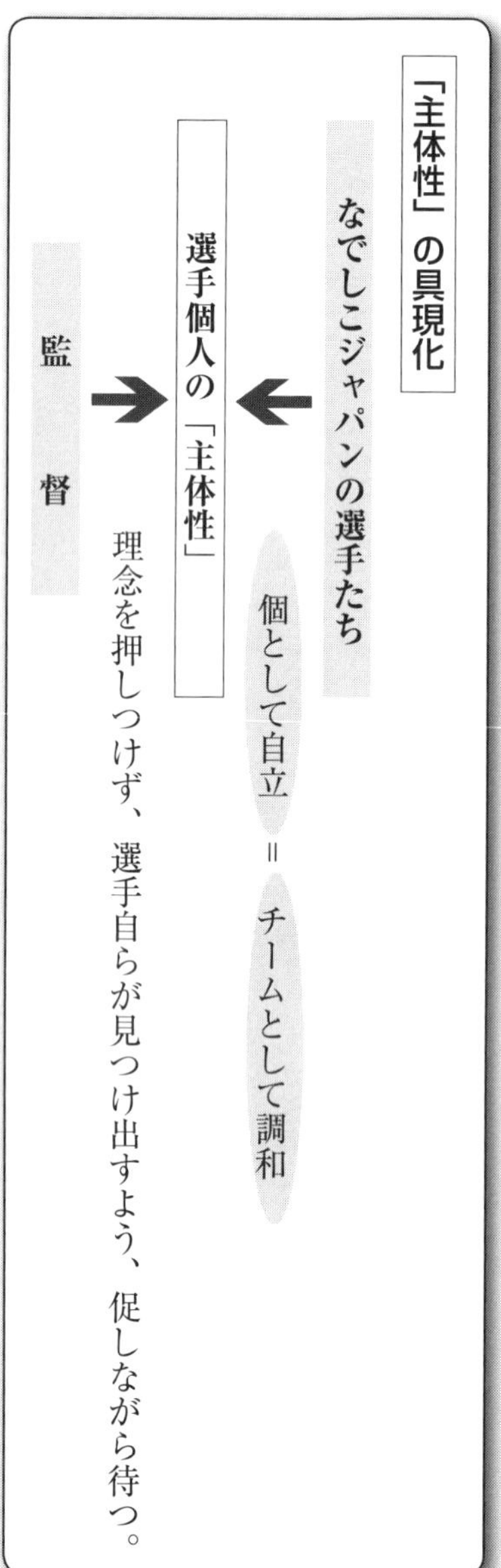

手順2　「主体性」とは何かを考える。

●「主体性」と「自主性」

「主体性」と同じように使われる言葉に「自主性」があります。「自主性」があって「主体性」が生まれると言いますから、そこに微妙な違いはあるのですが、その違いは少し分かりにくいかもしれません。

・**自主性**：やるべきことを指示待ちではなく自ら判断して行動しようとする態度や性質。

・**主体性**：何をやるべきかを自分の意思で判断し行動しようとする態度や性質。

あらかじめやるべきことが分かっており、それを他者からの指示を待つことなく自ら行動に移していくのが自主性です。それに対し、何をやるべきなのかまだ分からない段階で、それを自ら判断して行動に移すのが主体性となります。やるべきことは何かをも自分で考えるという点で、自主性に比べ一段高いところの精神力が要求されると言えるでしょう。

自主性と主体性にはそういった違いはありますが、いずれもやるべきことについて自分の考えを持ち、他から影響を受けずに行動する（できる）性質のことですので、ここでは、その差異にあまりこだわらなくてもよいでしょう。

現代は、子どもがじっくり考え、自ら「答え」を見出す機会が少なくなっています。子どもが社会に主体的に関わる個人として成長していくことはとても大切なことです。課題文の筆者は、主体性とは「自分の頭で考え、判断し、実践する」ことであり、「自ら答えを見つけ出す」ことが重要だと述べています。教育においてこの主体性を育てることの必要性を踏まえて、子どもの主体性をどう育てていくか、あなた自身が教えるという立場に立ったつもりで考えていきましょう。

手順3　子どもに主体性を持たせる方法を考える。

●自分なりの具体例をもとに考察する

主体性について、自らの幼かったころの経験をもとに具体的な事例を考えてみます。学校や塾・家庭での生活や学習のこと、あるいは部活動やスポーツでの指示待ちの経験ややる気をそがれたことなどを挙げてみましょう。自分の挙げた具体例の中で、子どもの主体性を育てる方法を考えます。教え過ぎずにどのようなヒントを出すか、あるいは子どもが答えを見つけるまでどう待てば良いのかなどを考えてみましょう。

〈主体性を考える具体的な経験メモ〉（例）

・母親に毎日「手は洗ったの？」「宿題は済んだの？」「学校の準備はできたの？」「歯は磨いたの？」と言われていた経験。

⇩ 親の「過干渉」をなくすことが大切では。心配する気持ちからあれこれと細かく声をかけたくなるのが親心かもしれないが、干渉し過ぎると子どもは次第に自分で考えたり判断できなくなってしまう。子どもは失敗して成長していくもの。大人は危険なことや他人に迷惑をかけること以外はどっしりと構えて子どもの自主的な行動を見守るべき。

・ジグソーパズルで、「次は二〇〇〇ピースに挑戦したい」と言ったとき、「あなたにはまだムリよ！」と否定された経験。

⇩ せっかく興味を持ったことを否定されると、子どもの意欲は急激にそがれてしまう。ネガティブな言葉をかけないことが大切では。自然遊び、スポーツ、芸術活動など、いろいろなことにチャレンジさせ、体験の幅を広げることが主体性を育てることにつながるはず。

・何か失敗したときに、「だから言ったでしょ」とか「それは違うでしょ」と、親の言うことを聞かずに叱責された経験。

⇩ ときには失敗することもあり、失敗は決して悪いことではないと教えることも大切では。子どもの失敗を責めるのではなく、「失敗しても大丈夫」「もう一度やってみようよ」という温か

教育

い見守りの姿勢が次のやる気につながるはず。

・小学時代の夏の家族キャンプで、キャンプ場所、食事や遊び、時間管理まで、計画のすべてを任せてもらえた経験。

⇩　自分が計画を立てて物事を進めることで家族に喜んでもらえたという経験は、自分が一歩大人に近づいたような気分になった。大変なことを自分でやりきることで充実感を得ることができ、自信を持つことにもつながって、次は旅行の計画もと、新しいことにチャレンジしたくなる。

大人（親）は子どもに対し、良かれと思うことを押し付けがちですが、それでは主体性は育ちません。親がお膳立てをしてあげるのではなく、まずは言葉で「やるべきこと」「なぜそれが必要なのか」を納得させ、以降は子どもが自ら考えるのを待つことが大切です。親としては子どもを見守り、時間はかかっても待つ「根気」が必要だということでしょう。

教える側の工夫により、子どもは自ら考えながら学ぶ喜びを感じられます。そのようにして培われた主体性は、勉強やスポーツばかりでなく、人生すべての面において不可欠であり、生きる自信につながっていくということにまで考察できると良いでしょう。

手順4　**小論文攻略の型に当てはめて主張をまとめる。**

この課題は、三段構成 **意見提示型答案** のパターンでまとめましょう。

序　論…筆者の主張をまとめ、自分の考えを示す。

まず、課題文の主旨を簡潔にまとめた上で、それに対する自分の意見を提示します。筆者の主張が明確な場合は、賛成、反対の立場をはっきりさせます。

⇩　筆者によれば、主体性とは「自分の頭で考え、判断し、実践する」ことであり、「自ら答えを見つけ出す」ことだと言う。私は、将来を担う子どもたちにとって主体性を育むことは何よりも大切なことだと考える。

本　論…具体例を挙げ、自分の意見の理由付けをする。

自身の成長してきた過去を振り返り、主体性が育てられたと感じる具体的な体験を挙げて、自分の意見を補強します。

⇩　小学生の時に家族でキャンプをしたことがある。その際、場所の選定から食事の準備、遊びの計画まで私に任せてくれた。この時の両親に喜んでもらえた経験がとても自信になり、主体性を身につけるきっかけになったと考えている。

結　論…本論を受け、全体をまとめる。

自分の体験を一般化して、主体性を育てるとはどういうことなのかについてまとめていきます。

⇩　指導者や親は、あまり干渉せず、子どもは失敗しながら成長するものだと考えて「待つ」姿勢が大切だ。失敗を含めていろいろな体験を経験していくところにこそ子どもの主体性を育む芽が生じるのだと考える。

教育

■高校生の答案から

　筆者は、「なでしこジャパン」を例に上げている。主体性を育てるために、佐々木監督は、答えを教えずに選手自らが答えを見つけ出すように促し、待つという。私もそのようなことは、とても大切だと思う。

　今の子どもたちは、主体性がないと言われている。私も小さい頃は主体性というものが有るか無いかで言ったら、無いだった。先生や親にやれと言われたことをやっていれば、怒られたりはしない。だから、言われたことはやるが、言われていないこと、教えてもらっていないことは、やっていなかったと思う。だが、今の私と昔の私を比べてみると、少しは自分で考えて行動をしたりすることができるようになった。それは、私が小学校の時スポーツ少年団に入ったからだ。種目はバレーボールだ。バレーボールは団体競技で個人競技よりもたくさんのことを自分で考えなければならない。指導者から教えてもらったことは、もちろん意識してやらないといけないが、それ以外に、次にボールを触る人のことを考えて、その人がト

・例に上げている➡「主体性」具現化の例に挙げている
・と思う➡と考える
・有るか無いかで言ったら、無いだった➡なかった
・怒られたりはしない➡怒られることはない
・と思う➡（削除。）
・今の私と昔の私を比べてみると、➡今の私は
・行動をしたりする➡行動する

スをしやすい所にボールを上げるとか、自分で考えてやらないといけないことがたくさんあった。また、目上の人たちへの対応なども自分で考えてしなければならなかった。

考えてみると、私が入ったスポーツ少年団は小人数なので、自分がやらなければという思いがあって、自分で考えて行動をしたりすることができたと考える。子どもの主体性を育てるには、スポーツをやらせることがいいことだと思うが、大人数ではなく、小人数でたくさんの経験をさせることもいいと思う。例えば学校の授業だ。大人数だと、誰かが答えてくれる、やってくれる、と思いがちだ。だが小人数だと、自分がやらなくてはという思いが大人数の時より強く感じれる。また、それは学力の向上にもつながるはずだ。子どもの主体制を育てるには、小人数での経験も必要だと思う。

・行動をしたりする⬇行動する
・いいと思う⬇いいことだ
・感じれる⬇感じられる（ら抜き言葉に注意しましょう。）
・主体制⬇主体性（ケアレスミスに注意しましょう。）
・と思う⬇と考える

【評　価】（A～E五段階評価）

〈内容〉
・課題と論点の整合性………A
・主張の明確さ………………B
・主張を裏付ける適切な根拠‥B

〈表現〉
・原稿用紙の使い方…………A
・構成の的確さ………………B
・誤字・脱字・文法の正しさ‥C

・論述の客観性…………………B
・論述内容の深さ…………………B
・文章表現の適切さ…………………C

【講　評】

◎序論部で、主体性を育てるとはどういうことなのか、筆者の考えをまず押さえています。とてもよいことです。さらに主体性とはどういう姿勢なのかについても明確にしておきましょう。
⇩「自分の頭で考え、判断し、実行すること」「自ら答えを見つけ出すこと」

◎本論部。自分のことや社会の状況に目を向けて、主体性について考え、さらに自分の経験を挙げて、どう主体性を育んだのかを明らかにしていることも良いでしょう。「次にボールを触る人……自分で考えてやらないといけないことがたくさんあった。」の部分がポイントになります。なぜ自分で考えなければならない状況が生まれたのか、どう工夫したのかを具体的に書きましょう。

◎結論部は「小人数で活動する」という点に論点が傾いています。主体性をどう育むか、教育や生活の場でどう実践するかを考察して結論をまとめましょう。

◎表記上の注意点です。

①「と思う」が多用されています。「思う」という表現は小論文では避けるようにします。（6ページ参照）

②「……たり」という表現が使われていますが、これは「……たり、……たり」と並列表現で使用されます（「行ったり、来たり」など）。一つだけでの使用は避けるようにしましょう。

八　医療

近年の医療技術の進歩は目覚ましいものがあります。再生医療や臓器移植、遺伝子診断など、新たな研究や技術開発によって革新的な治療法も生み出されて従来の治療法では快復の難しかった患者を救うことができるようになり、日本人の平均寿命も大きく延びました。しかし、一方では若くして肥満や糖尿病に罹患（りかん）するケースも増えています。ここでは、日ごろからの健康生活を支えるために大切な「生活習慣病」と、患者のＱＯＬに着目した「終末期医療」のあり方について考えていきましょう。

医療❶　「生活習慣病」と予防医学

かつては「成人病」と呼ばれていた脳卒中やガン・心臓病・糖尿病などは、現在では「生活習慣病」と呼ばれ、子どもから成人までの誰もがかかる可能性がある病気として、予防や早期発見が重視されています。健康な生活を維持するためには日頃から食生活や運動など、自らの生活習慣のあり方に気を配ることが大切となります。

問　題

近年、肥満や高血圧、糖尿病などの生活習慣病が幅広い年代にわたって増加しており、これらの状況の改善や予防が課題となっています。生活習慣病への対処について、あなたの考えを六〇〇字以内で書きなさい。

手順1　生活習慣病の現状を押さえる。

●若者にも見られる生活習慣病

「生活習慣病」は現代社会の中で大きな問題となっているテーマの一つです。かつては、糖尿病や心臓病・脳卒中・ガンなどの病気は加齢とともに発症するものと考えられていました。ところが、近年は中年や高齢者といった年配者ばかりではなく、二〇代、三〇歳代ぐらいの世代の人にもよく見られるようになってきました。これらの病気には食生活や喫煙、飲酒など個人の生活習慣が深く関わっていることが明らかになって「生活習慣病」と言われるようになったのです。かつての「成人病」という呼称には、中高年になってから罹患する病気というイメージがありますが、「生活習慣病」の場合は子どもも含めて健康的な生活を心がけ、病気になることを予防すべきものという意味が含まれています。

現在、日本人の三大疾病と言われているのは「ガン・心臓病・脳卒中」ですが、これらは生活習慣病の代表的なものです。ほかに、糖尿病・動脈硬化・高血圧・高脂血症・肥満などがあります。

生活習慣病

- **食生活や喫煙・飲酒など、ライフスタイル（生活習慣）に原因のある疾患。**
- **ガン・心臓病・脳卒中・糖尿病・動脈硬化・高血圧・高脂血症・肥満など。**
  - **⇩日本人の三大疾病…ガン・心臓病・脳卒中**
- **近年は成人に限らず子どもの発症率も上昇。**

手順2 生活習慣病の原因を考察する。

●死亡原因の三分の二が生活習慣病

日本は長寿大国と言われています。二〇一九年の日本人の平均寿命は女性が八七・四五歳、男性が八一・四一歳となり、前年と比べて女性が〇・一三歳、男性が〇・一六歳延びて過去最高を更新しました。国際的にみると、女性の平均寿命の長さは香港(ほんこん)に次いで世界二位、男性は香港、スイスに次いで三位です。

一方、日本人の死亡原因をみると、三分の二の人が生活習慣病で亡くなっています。中でも「ガン・心臓病・脳卒中」で亡くなった人の割合はすべての死因のうち五一・四パーセント（二〇一七年）を占めています。また、これら生活習慣病関連の医療費は、医療費全体の三〇パーセントを上回り、国の医療財政を圧迫しています。いかにして国民の生活習慣を改善していくかという課題は、日本の医療財政健全化の課題でもあるのです。

生活習慣病は、困ったことに本人や家族の気づかないうちに長い年月を経て症状が現れるのが特徴です。その原因は、日本人の食生活が欧米化して栄養の摂取が過剰になったことが第一に挙げられるでしょう。その一方で、慢性的な運動不足によって消費エネルギーが減少するという、アンバランスな生活習慣があります。

●生活習慣病の原因

①不規則な生活

食事の時間が決まっていなかったり、睡眠不足や時間が不規則だったりする生活を長年続けると、生活習慣病を引き起こす原因となります。不規則な食事は体脂肪をためこみやすい体になってしまいますし、また、一食抜くと次の食事でたくさん食べてしまうことにもなります。

②食生活の乱れ

日本人の食生活は、ヘルシーな和食から油や肉がたくさん使われる欧米的な食生活に変化しています。食事の外部化や、ファストフード、コンビニの弁当やスナック菓子、スーパーのお総菜なども普及し、二四時間いつでもどこでも手軽に食べられる時代になりました。おのずと油や肉類、卵、バターなどの動物性脂肪が多い食品を摂取する機会が増えた結果、肥満の人が増え、生活習慣病の増加へとつながりました。

「生活習慣病」への道

食生活の乱れ ⇩ 動物性脂肪の多い食品を摂取 ⇩ 肥満

糖尿病、脂質異常症、高血圧などが合併して発症（メタボリックシンドローム）

動脈硬化促進 ⇩ 心筋梗塞、脳梗塞など、命に関わる疾患に

③飲酒や喫煙

酒やたばこは高校生にはまだ縁遠いものでしょうが、これらも過度な摂取は生活習慣病を招いてしまいます。酒は適量であれば血行の改善やストレス解消、精神的なリラックス効果をもたらしてくれますが、飲み過ぎてしまうと消化器系のがんや糖尿病、高脂血症、高血圧、痛風といったさまざまな生活習慣病の原因となってしまいます。

たばこも特に気をつけなければなりません。他の生活習慣病に比べ死亡リスクが高く、ガンの発生や動脈硬化を進めたりします。

④過労やストレス

過剰なストレスは血圧や血糖値が上昇することが明らかになっており、高血圧や糖尿病になるリスクも高くなります。疲れやストレスがたまってくると免疫力も低下し、感染症にかかりやすくなります。そのため、ストレスを上手に解消することが生活習慣病の予防にもなります。

⑤運動不足

「面倒くさい」、「時間がない」など理由はさまざまでしょうが、産業構造の変化による運動不足も原因に挙げられます。現代は第三次産業の時代と言われ、デスクワーク中心の労働に携わる人々は運動不足になりがちです。運動不足は肥満になるだけでなく、血圧・血糖値・コレステロール値・中性脂肪値などに影響を及ぼします。また、疲れやストレスを増幅させ、ガンの原因になることもあります。

手順3　生活習慣病への対処法を考える。

●「予防医学」の観点で

生活習慣病対策として、従来は早期発見が大切と考えられてきましたが、現在では「予防医学」の観点から語られることが多くなりました。生活習慣病は慢性的な生活習慣が原因で発病するわけですから、予防としては日頃の食事や運動、睡眠などの生活習慣の改善が必要です。

また、近年は子どもや若者でも生活習慣病にかかる場合も少なくないので、小中学校においても専門家による健康教育を実施するなど、早い段階から規律正しい生活習慣を身につけるよう指導することが求められます。そして、定期的に検診を受けて、早期発見・早期治療により病気の悪化を防ぐことが大切となります。

●健康食品

最近は、健康に対して過敏な方が増えているようです。検診結果の数値を気にし過ぎてか、健康食品や健康器具などを購入するという現象が起きています。テレビやインターネットには「サプリメント」や「栄養機能食品」という名称で、錠剤や顆粒(かりゅう)状のものが数多く出回っています。これらは、ビタミンやミネラルなど現代人に不足がちとされる栄養成分を補うもので、総称して「健康食品」と呼ばれています。しかし、中には非科学的なにせ情報が出回り、消費者がそれを信じ込み、商品を購入してしまうという出来事も起きています。健康食品は、便利ではありますが、情報の収集、摂取の仕方に注意を要します。

生活習慣病対策

予防の大切さ

・正しい食生活・適度な運動・十分な休養・ストレスをためない生活が基本。

生活習慣病になってしまった場合

・朝食抜きや深夜の食事の習慣を改める。
・一日三食きちんと摂る。
・肉類の摂り過ぎに注意し、野菜を含むバランスの良い食生活を心がける。
・年齢や体力に見合った運動を継続して行う。

健康食品の功罪

・栄養バランスを補うための適切な利用は健康な生活を支える一助となるが、生活習慣病の原因を根本的に解決するものではない。
・健康食品だけで栄養を補おうとしても、健康を保つことは難しい。
・複数の健康食品利用による特定の栄養素の過剰摂取などに注意する必要がある。

手順4 小論文攻略の型に当てはめて主張をまとめる。

この課題では、生活習慣病の増加という現状が提示されており、それへの対処法が問われていいま

医療

す。ここでは三段構成 問題解決型答案 のパターンでまとめましょう。医療・福祉に関する問題は 問題解決型答案 でまとめるケースが多くなります。

序論…健康生活を送る上での問題点を挙げる。

まず、設問の主旨を押さえた上で、生活習慣病とは何かを考え、自分自身や身の周りの生活から、健康な生活を送る上で妨げになっている点がないか考えてみます。

⇩　日本人の三大疾病「がん・心臓病・脳卒中」はいずれも「生活習慣病」と言われる。主として日常の不摂生が生み出す疾病であるが、近年は大人ばかりではなく、小学生や中学生にも肥満や糖尿病患者が増えて問題になっている。

本論…食に関わる問題点の背景を分析する。

生活習慣病がどういった原因から生じるのか、現代社会においてなぜ増加しているのかを考察します。

⇩　日本人の食生活も、野菜中心の食事から肉類中心へと欧米化し、さらに、朝食抜き、食事時間もばらばらといった食習慣の乱れも生活習慣病の発症に大きく関わっていると考えられる。また、不規則な生活や運動不足なども生活習慣病の一因となっている。

結論…具体的な対策を提示する。

自分の経験や見聞きしたことなどを通して、生活習慣病の解決策について、具体的に提案するようにしましょう。

⇩　三食の規則正しい食生活、肉類・野菜類のバランスのとれた食事、加えて適度な運動が健康な体作りの基本であると考える。また、昨今は健康食品がブームになっているが、健康食品はあくまでも栄養不足を補うための補助食品と考えるべきである。

■高校生の答案から

近年、生活習慣病が増加傾向にある。脂質の多い食事をしたり、お菓子ばかり食べたりと遍った食生活が関係しているが、他にも、運動不足であったりと原因は多種多様であるが、ここでは食生活に注目して考える。

年代別に現代の食生活を考えてみる。一〇代から二〇代は、手軽に食べられなおかつ安いファストフードを食べることが多いように思う。これでは、野菜をあまりとっておらず栄養が遍り、肥満や高血圧の元となるだろう。三〇代から四〇代は、仕事などで外食が増えるのではないだろうか。外食では、味が濃くつけられていたりと塩分が高いだろう。これもまた、高血圧の原因となるのではないか。さらに、食事をしたうえで補助として摂取するのが健康食品だ。だ

- 遍った➡**偏った**
- であったりと➡**など**
- であるが、➡**である。**（文を短く切ります。）
- 手軽に食べられ➡**手軽で**
- 多いように思う➡**多いようだ**
- 遍り➡**偏り**
- のではないだろうか➡**ことになる**
- つけられていたりと➡**つけられているなど**
- 高いだろう➡**濃い場合が多い**
- のではないか➡（削除。）

から、必要な栄養は健康食品で補うのではなく、日々の食事で摂取するのが一番だろう。

　生活習慣病は、日頃の不摂せいによって引き起こされる。まずは、早寝早起きや一日三食の健康的な食事から改善し、規則正しい生活リズムをつくることで予防できるのではないだろうか。小中高校生は、しっかりと食事、睡眠を取り、無理なダイエットをしたりしない方がよいだろう。自分ができる小さい一歩をコツコツとしていくことで、生活習慣病という病にはならないはずだ。

・不摂せい➡不摂生
・のではないだろうか➡はずだ
・したり➡（削除。）
・という病➡（削除。）

【評　価】（A～E五段階評価）

〈内容〉
・課題と論点の整合性……A
・主張の明確さ……A
・主張を裏付ける適切な根拠……B
・論述の客観性……A
・論述内容の深さ……B

〈表現〉
・原稿用紙の使い方……A
・構成の的確さ……A
・誤字・脱字・文法の正しさ……C
・文章表現の適切さ……C

【講　評】

◎序論部（第一段落）では、まず、生活習慣病が増加しているという現状の問題点をまとめておきましょう。なお、生活習慣病の原因については食生活ばかりに注目せずに、過労やストレスなども原因の一つとして考察していきましょう。

◎本論部（第二段落）では、健康食品に対するあなたの考えを示すことができていますが、さらに健康食品は、生活習慣病を根本的に解決するものではないこと、特定の栄養成分を過剰に摂取するとかえって体に害となることなども押さえておきましょう。

◎結論部（第三段落）では、生活習慣病を防ぐための対策を示すことができています。この点に加え、適度な運動の必要性やストレスをためこまないことなども指摘すると、内容に深みが増します。

◎表現上の注意点です。

①序論部の第二文には接続助詞「が」が二箇所用いられています。接続助詞「が」を用いるとどんどん文を長くすることが可能ですが、とても読みにくい文となってしまいます。「が」は一文の中では一つだけと心得て、短い文を重ね、歯切れよい文章を心がけましょう。

②9行目「のではないだろうか」、10行目「のではないか」、16行目「のではないだろうか」などの疑問形を用いた婉曲表現は小論文では避け、断定的に言い切るようにしましょう。

医療❷「終末期医療」とQOL

「終末期医療（ターミナルケア）」とは、完全治癒の望みのない、いわゆる末期患者に対して、治療ではなくケア（介護・看護）を重点的に行おうとする医療のあり方を言います。医療技術の進歩によって多くの人の命や健康が守られるようになりました。そのおかげで、自分たちが望むＱＯＬ（クオリティ・オブ・ライフ〈生命または生活の質〉）を高めることも可能となっています。とりわけ、延命を中心とした医療とは異なり、快復の見込みのない末期患者に対して行われる医療は、患者と家族に残された期間のＱＯＬを高めることが重視されています。

問題

次の文章を読み、終末期医療について、あなたの考えを八〇〇字以内で述べなさい。

①今後大きな問題になっていくと思うのが、終末期医療の問題です。治る見込みがない病気にかかって命の終わりが迫っている場合、残された時間を、どう過ごすかという問題です。病院で延命のための治療を受けつづけるのか、それとも、自宅に戻って自然に任せて死を迎えるのか。高齢化が進んで一年間に一〇〇万人近くが亡くなる中で、人生の最後をどう生きるのかが、あらためて問われています。

②厚生労働省も、死期が迫った患者への医療のあり方を考えようと、専門家を集めた検討会を発足させました。しかし、この問題は、私たち国民一人一人が真剣に考えていかなければならない問題だと思います。

③以前、がんをわずらって余命六か月から一年と宣告されたあと自宅で療養している七〇歳の女性を取材したことがあります。彼女は、在宅療養を希望して、夫と娘の家族と暮らすこと

を選択しました。病院から帰ってきた当初は、管を通して栄養をとっていましたが、しばらくすると、家族の介助を受けながら、自分の好きな食べ物を口にできるようになりました。治療としては、痛みを抑える貼り薬などを使っているだけです。

④彼女の部屋にいると、お孫さんのひくピアノの音がきこえてきました。ふだんは、なんとも感じないピアノの音色も、なんだかとても贅沢(ぜいたく)に感じられたことが印象に残っています。おそらく、それまでの取材で、管をたくさん通され、雑然とした病室で過ごすお年よりの姿を多くみてきたからだと思います。

⑤日本では、彼女のように、自分の希望どおりに、住み慣れた自宅で最期を迎えられる人は、年々少なくなっています。戦後まもなくは、自宅で亡くなる人が八〇%を超えていましたが、今では、一三%程度にすぎません。その一方で、病院で亡くなる人が増えつづけていて、八〇%近くに達しています。アメリカやイギリスなどで、病院で死亡する割合が五〇%程度にとどまっているのに比べ、日本の多さは際立っています。最後まで病院で医療を受けたいという人はそれでいいのですが、最後は自宅で穏やかに過ごしたいと思っても、それがかなわないのが日本の現状です。

⑥なぜ、日本では病院で死亡する人がこれほど多くなってしまったのでしょうか。欧米諸国では、治る見込みがない患者に延命治療を続けることが、はたして幸せなのか、患者の権利とからめて議論されてきました。その結果、アメリカなどでは、患者の意思によって、延命措置

をせずに自然な状態で死を迎える「尊厳死」を法律で認め、自宅に戻った患者がその人らしく過ごせるよう、支援体制が整備されてきました。ところが、日本では、延命治療や尊厳死という問題について十分議論されないまま、延命を第一に考えた治療が今も続いています。⑦終末期をどこで判断するのかという難しい問題はありますが、患者の意思よりも医療提供側の意思が重視されてきたからだと思います。しかも、核家族化が進んで、家族の介護力が落ちているのに、それを支援する体制も不十分ですし、地域で患者を支える医療体制も不十分です。⑧これから日本に求められているのは、患者の意思を尊重して、残された時間をその人らしく過ごせるよう環境を整備することだと思います。

（「患者本位の医療を求めて」飯野奈津子　日本放送出版協会）

＊段落の頭の数字は、形式的に原文に付加したもの。

手順1　課題文における筆者の主張について考えてみる。

まず、課題文における筆者の主張をつかむようにしましょう。

【段落のまとめ】

第①段落…病院での延命治療を続けるか、自宅で自然死を迎えるか、人生の最後をどう生きるかが問われている。

第②段落…この問題は国民一人一人が考えなければならない。

第③・第④段落…余命六か月から一年と宣告された七〇歳女性。自宅で療養を希望し、家族と暮らすことを選択。

第⑤段落…日本では病院で亡くなる人が八〇％。最後は自宅で過ごしたいと思ってもかなわないのが日本の現状だ。

第⑥段落…日本では、延命治療や尊厳死という問題について十分議論されないまま、延命を第一とする治療が続いている。

第⑦段落…患者の意思より医療提供者の意思が重視されてきた。

第⑧段落…求められているのは、患者の意思の尊重と、残された時間をその人らしく過ごせる環境の整備だ。

●病院で迎える「最期」

課題文は、日本では病院で最期を迎える人が多いことを、過去や欧米との比較から具体的な数字をもって示しています。その理由を、患者の意思より医療提供側の方針が重視され、延命治療や尊厳死という問題については十分議論がなされないまま延命を第一に考えた治療が続いてきたため、在宅医療が推進されなかったのだとしています。

しかし、日本ですぐに在宅医療中心への移行が可能なわけではありません。課題文は、核家族化で家族の介護力が落ちているのに、それを支える体制も、地域で患者を支える医療体制も不十分だという問題点を挙げています。ポイントは次の三点です。

医療

・延命治療や尊厳死について十分議論されないまま、延命第一の治療が続いている。
・家族の介護力が落ちているのに、支援体制が不十分。
・地域で患者を支える医療体制が不十分。

手順2 「終末期医療」について考察する。

● 「治療」から「ケア」へ

課題文は「在宅医療」に焦点を当てて論じていますが、設問は「終末期医療」についての考えを問うていますので、終末期医療の概要を把握しておきましょう。

「終末期」という言葉は、一般的には老衰・病気・障害の進行によって死を回避する方法がなくなり、予想される余命が三か月以内程度の意味で使われます。従来の医療は治療を主眼としており、治療が不能となった場合でも死期を少しでも遅らせるために延命治療を行うのが一般的でした。治療の目的である「治癒」という観点からいうと、「死」は医学の敗北と受け止める考え方があったからです。しかし、この延命治療はともすれば、患者に著しい苦痛をもたらし、身体に管をたくさんつけた状態（スパゲティ症候群）で、ただ死を待つという、はなはだ人間的ではないものとなりがちでした。

こうした中、終末期の患者に対しては、治療ではなく、「ケア（介護・看護）」を施すべきだとする、「終末期医療」の考え方が広まってきました。患者本人が苦しみ、望まない延命治療ではなく、残された時間を充実したものにしようという、患者のＱＯＬの向上に主眼を置いた考え方です。この終末期医療を専門に行う施設をホスピスと呼びます。また、患者や家族が在宅生活を希望する場合もあります。こうした場合は、訪問医療・訪問看護による「在宅での見取りケア」という方法がとられます。

●「生」と「死」の両方を見つめるＱＯＬ

これまでの医療は「死」よりも「生」を重視してきました。しかし、終末期医療にあっては「死」も患者の人生に含めて抱え込んだ上で、残された「生」の充実を考えることが大切になってきます。自然の摂理としての「死」を受け入れた時、患者にとって充実した人生、すなわち、「健康的な生き方」が見えてくるはずだという考え方です。

ＱＯＬ（生命または生活の質）

・これまでの医療　⇩　「死」よりも「生」を重視した医療

・終末期医療　⇩　「生」と「死」の両方を見つめた福祉的医療

「死」も患者の人生に含めて抱え込んだ上で、残された「生」の充実を考える。

＝

健康的な生き方

なお、課題文では「最期」「最後」と二つの表記が使い分けられています。「最期」は、命が尽きるとき、「最後」は、ものごとの一番あとの意味です。

手順3　終末期医療として「在宅医療」のあり方について考える。

ここでの問題は、患者本位の医療のあり方の中でも終末期医療、特に在宅医療に焦点が当てられています。病院での治療ということに意義が見い出しにくい終末期において、患者の意思を尊重して、その人の望む環境を整備することの意義は相対的に高まります。

近代の医療技術は大きく進歩しています。治せないとされてきた病気を克服し、平均寿命も延びました。しかし、医療技術がどんなに進んでも、人の死をなくすことはできません。課題文のケースのように完治が難しい病気に対しては、患者の心のケアも医療の目的でなくてはなりません。

●患者の人生の質を高めるために

現代医療では、患者のＱＯＬを第一に考える治療のあり方が注目されています。その背景として高度に医療技術が発展し、治療法にいくつもの選択肢が出てきたことがあります。

治療方法の選択

ａ　効果は高いけれども副作用などのリスクが大きい治療。

ｂ　劇的な効果は薄いが、日常生活に影響なくゆっくりと症状を緩和する治療。

医師は、ａとｂ、複数の治療パターンの特徴を正確に伝え、患者の理解と希望を確認。

←

どちらの治療法を選ぶかは、医師ではなく患者であるべき。

医療従事者は、患者の年齢や家族構成、日常生活や仕事などの状況も考慮しながら、患者にとって最も良い治療法に導いていかなければなりません。そのためにも医療従事者と患者、家族とのコミュニケーションは重要になります。

●終末期医療としての「在宅医療」

以上のような考え方の広まりとともに、治癒の見込めない終末期の医療のあり方の一つとして在宅医療が注目されます。課題文では、自宅で療養し最期を迎えようとする末期がんの女性の例が取り上げられていますが、彼女のように家族の存在を身近に感じながら、住み慣れたわが家で最期を迎えたいと希望する人は多いのです。

しかし、在宅医療は現実には簡単に進められるものではありません。核家族化が進んだ今では、安易に在宅治療を唱えることは家族への負担となることも予想されます。望みつつも在宅治療に踏み切れない患者も少なくないのが実情です。

〈在宅医療のメリット〉

・残された時間を家族といっしょに過ごせる。
・自宅でリラックスできるので、本人の精神的・肉体的負担が少ない。
・病院に比べると経済的な負担が軽減される。

〈在宅医療のデメリット〉

・褥瘡（じょくそう）（床ずれ）ケアや食事、トイレなど、いつも家にいて面倒を見る人が必要。

医療

・家族にとって、介護をしながらの生活は精神的にも体力的にも厳しい。
・介護者が負担を抱え込むと、患者と家族の関係に悪影響が出る可能性もある。
・容体に急変があった場合も、すぐに医師に診てもらうわけにはいかない。

在宅医療

・核家族化が進んだ今、安易に在宅治療を唱えることは家族への負担となりがち。
・在宅医療という患者本位の医療の推進が、医療の質の低下につながりかねない。

←

往診、訪問看護、緊急時の体制整備

在宅医療という患者本位の医療の推進が、医療の質の低下をもたらしてはいけません。そのためには医師による往診や訪問看護、緊急時の体制整備などが必要となるでしょう。いろいろな事情を考えると、今後は、患者や家族の希望に合わせ、病院、ホスピス、在宅療養など、複数の選択肢を持てるような体制づくりが望ましいと言えるでしょう。

手順4　小論文攻略の型に当てはめて主張をまとめる。

この課題の場合は、**意見提示型答案**パターン、**問題解決型答案**パターンのいずれでもまとめることが可能です。

〈問題解決型答案の場合〉

序　論…終末期医療の問題点を提起する。

課題文、および自分の知識の中から在宅医療の現状を読み取り、終末期医療における在宅医療の難しさを提起します。

⇩　課題文には、終末期医療の一つのあり方として在宅医療が取り上げられている。住み慣れた自宅で家族に囲まれ穏やかに療養することは、患者にとって心休まることで、安心できる。しかし、現実には病院で最期を迎える人がほとんどである。

本　論…問題点の原因・背景を分析する。

序論で挙げた終末期医療における問題点について、患者側と医療従事者側それぞれについて、その原因や背景を考察します。

⇩　ホスピスではなく在宅介護を選んだ場合、それまで病院に任せていた医療処置を家族が代わって行うことに不安を感じる者も少なくないだろう。また、家族が共稼ぎだったり、サラリーマンなど外に仕事を持っている場合には、大きな負担となる。

結　論…具体的な改善策を提示する。

在宅医療を円滑に進めるため、患者のＱＯＬを保障する体制づくりなどの具体的な改善策を提案します。

⇩　在宅医療を選んだ場合に大切なことは、医療の質の確保である。まずは、地区ごとに医師・

医療

看護師・理学療法士などによる専門の「訪問医療チーム」を設立し、患者のケアと家族の支援に当たるようにすべきである。

〈意見提示型答案の場合〉

序　論…終末期医療について自分の意見を提示する。

課題文、および自分の知識の中から在宅医療の現状を整理して、終末期医療の問題について自分の意見を提示します。

⇩　現在、圧倒的多くの人が病院で息を引き取っている。しかし、人生の最期を自宅で迎えたいと願う患者も少なくない。私は、終末期を自宅でとの願いがかなうよう訪問看護や往診、緊急時の対応などの医療の支援体制を早急に作るべきだと考える。

本　論…具体例を挙げて理由付けをする。

家族の看取りなどの自分の経験を振り返り、序論で提示した自分の主張の理由付けを具体的に述べていきます。

⇩　患者の希望をかなえる医療とは、患者の心身の健康を考える医療だ。私の祖父は、人工呼吸器の装着を勧められたが機械での延命を拒否し、自宅で最期を迎えた。自宅での時間は祖父にとっても、家族にとっても幸せな時間としての思い出となっている。

結　論…主張のまとめと意見の再確認。

終末期医療における自分の主張を再確認しますが、今後のあるべき医療の姿についても触れながらまとめます。

⇩ 終末期医療は延命に重点が置かれるのではなく、患者のＱＯＬに重点を置いたケアが行われるべきだ。患者の病気を治すことだけが医療ではない。私は、とりわけ終末期医療においては、患者の思いに沿った治療が大切だと考える。

■高校生の答案から

終末期医療の一つのあり方として、課題文に在宅医療が取り上げられている。病院で、自分の思いとは関係ない寿命だけを延ばす治療を受けるのではなく、家族とともに住み慣れた自宅で穏やかに暮らしながら、人生の最期を迎えることは多くの終末期患者の願いだろう。しかし、現実には自宅医療を望んでいても、自宅ではなく病院で最期を迎える人がほとんどだという。

自宅医療が進展しない理由には、課題文にあるように、介護する家族をサポートする体制が十分でないことがある。病院ならば医師や看護師に任せておいた医療処置を、家族が代わって行わなければならないことに不安を感じる人も多いはずだ。そのため、家族の方

・終末期…課題文に⬇課題文には、終末期医療の一つのあり方として
・自宅医療⬇在宅医療
・自宅ではなく⬇（削除。）
・自宅医療⬇在宅医療

でも患者を家で療養させたいと思いつつも踏み切れないケースが多いのではないだろうか。医療者側も、病院の方が医療設備が整っているわけだから在宅での患者を引き受けることに消極的なのだろう。

在宅医療が進むためには、訪問介護やヘルパー派遣など、介護する家族の負担を無くすための支援体制を作る必要があるだろう。肉体的な負担軽減に加えて、患者や家族の不安を払拭するなど、精神的な支援も必要だと思う。難しいことかもしれないが、医療者側と、地域の介護施設、介護する家族が連携を取り合ってこそサポートが成り立つのだと思う。

在宅患者への支援体制が作られることは大切だが、最も重視されなければならないのは、患者の尊厳を守れる死という考え方である。今までは、死期が迫った患者は医師が決めた治療方針に従うだけであった。しかし、これからは患者本人が、どのように終末期を過ごすのかを選択できるようにするべきだと思う。そのためには、医師は十分な情報を提供して患者のニーズに応え、その希望を受け入れられるような環境作りに務めていくべきだと思う。

・多いのではないだろうか⬇多いと思われる
・無くす⬇軽くする
・必要だと思う⬇必要だ
・成り立つのだと思う⬇成り立つのだ
・するべきだと思う⬇するべきだ
・務め⬇努め
・いくべきだと思う⬇いくべきだと考える

【評　価】（A～E五段階評価）

〈内容〉
- ・課題と論点の整合性……A
- ・主張の明確さ……A
- ・主張を裏付ける適切な根拠……B
- ・論述の客観性……B
- ・論述内容の深さ……B

〈表現〉
- ・原稿用紙の使い方……A
- ・構成の的確さ……A
- ・誤字・脱字・文法の正しさ……B
- ・文章表現の適切さ……B

【講　評】

◎「終期末医療」についての基本的な知識を心得ていることがうかがえます。

◎序論部（第一段落）では、課題文から在宅医療のメリットを読み取りながらも、現実には在宅医療の数が増えていないという問題の提起ができています。

◎本論部（第二段落）では、患者側と医療者側それぞれの、在宅医療の増えない背景についての考察ができています。家族には介護のすべてを抱え込むことへの不安がありますし、医療者側にも往診体制が整っていないことへの危惧があります。

◎結論部（第三・第四段落）では、在宅医療を推進するための具体的提案がなされています。医療者側と、地域の介護施設、介護する家族の連携の大切さなど、とても良い指摘です。

◎表現上の注意点ですが、後半部に「と思う」の表現が何度も使われています。小論文では、「と思う」の表現は出来るだけ避け、断定的に言い切るようにします。（6ページ参照）

九　科　学

一八世紀末からの産業革命以降、科学技術の飛躍的な発展によって人々の暮らしは格段に向上しました。とりわけ、近現代のさまざまな技術革新は、工業化が進む先進国の社会や人々の生活をわずかの間に一変させました。しかし、そのことが人間社会にもたらしたものは利益だけではありませんでした。例えば、大量生産・大量消費・大量廃棄の社会は、地球温暖化やプラスチック廃棄物などによる深刻な環境破壊を招いています。人々は、ここに至ってやっと、発展する科学技術がもたらす災厄の大きさに気づき始めたと言えるでしょう。

科学❶　「ロボット開発」と科学技術

従来のロボットと言えば、主に工場などの産業分野で活用される産業用ロボットが中心でした。近年、このロボット技術をより幅広い分野に応用する動きが広がり、次世代ロボットの開発・実用化が進められています。次世代ロボットには、危険を伴う環境下で作業を行う特殊環境用ロボットのほかに、コミュニケーションロボットと言われる介護などの人の作業を助ける人間支援型ロボット、娯楽や癒やしを提供するエンタテインメント型ロボットなどがあります。

ここでは、人間と近い場所で活躍するロボットをもとに、これからの科学技術のあり方について考えていきましょう。

問　題

近年、病院や介護施設などでペットロボットが活躍しています。タテゴトアザラシの赤ちゃんそっくりのロボット「パロ」は、セラピー効果のあるロボットとして、介護施設で認知症のセラピーに導入されたり、小児病棟の子どもたちの人気を得たりしています。これらのペットロボットには、単なるおもちゃとしてではなく、自律的に行動して人の心を豊かにしてくれるコミュニケーションロボットとして人に安らぎを与え、人の気持ちに寄り添った、より日常的なロボットになることが期待されているのです。

これからのコミュニケーションロボットについて、具体例を挙げながらあなたの考えを八〇〇字以内で述べなさい。

手順1　コミュニケーションロボットの現状を理解する。

ロボットは、主に工場などで製造工程を自動化する目的で活用される「産業用ロボット」と、それ以外の医療や警備、介護や接客・案内といった用途で利用される「コミュニケーションロボット」（「サービスロボット」とも言われます）に大別されます。

日本のロボット技術は世界トップレベルで、世界有数の産業用ロボット輸出国となっていますが、近年は、より人間に近い場所での活躍を想定したロボットの開発が進められています。その中でも、言葉や動作などによって人間とやりとりをすることを目的として開発されたコミュニケーションロボッ

科学

トの、介護現場での活用が注目されています。

これらのコミュニケーションロボットには、いかにもロボット的な風貌をした人型のものから、円柱型、卵型、かわいいぬいぐるみ状の動物型まで、さまざまな製品が存在しています。

●ＡＩが組み込まれたロボット

人型ロボットの例として、「PALRO（パルロ）」（富士ソフト）を取り上げてみましょう。体長四〇センチメートル、体重は一・八キログラム。ＡＩ（人工知能）が組み込まれて一〇〇人以上の顔を認識し、知り合いには呼びかけるなど、自然で表現豊かな会話力を持っています。

「あなたを何とお呼びすればいいですか？」

「僕と友達になってくれますか？」

人なつっこいパルロはどんどん友達を作って、名前を呼び、話しかけてきます。愛らしいパルロに名前を呼ばれれば、誰でも大喜びするでしょう。また、身体の複雑な関節の動きが可能なので、パルロが行う体操を見て高齢者が自発的に体操をするなど、普段では考えられないような楽しい時間を生み出します。

●アニマルセラピー効果も

動物型ロボットの代表は、設問文に取り上げられている「パロ」（産業技術総合研究所）でしょう。大きさは体長五五センチメートル、体重二・五キログラムと、人間の赤ちゃんに近い大きさです。白く柔らかな人工毛に覆われたタテゴトアザラシの赤ちゃんの姿を模しており、多数のセンサーや人工知能の働きによって、首、前足、後ろ足、まぶたが、まるで本物のように動きます。

パロはコミュニケーションロボットといっても、言葉を発することはできません。動きや鳴き声などの非言語的な方法でコミュニケーションをとります。例えば、名前を呼ぶとそれに反応したり、声掛けや撫でるなどの動作に鳴き声で応えたり、抱きかかえると体を動かして喜んだりします。そうした動物的な反応を示すパロと触れあうことで、「アニマルセラピー」と同様の効果が得られるのです。

ペットが、アニマルセラピーとして人間の心や身体に作用して病状を改善したり、痛みを軽減してくれたりする働きがあることは従来からよく知られていました。アニマルセラピーには、ストレスを軽減する、人を元気づける、血圧や脈拍を安定させるなどの効果があるのです。しかし、病気の子どもたちが病院でペットを飼いたいと思っても難しいですし、家にいる高齢者にも餌やりや散歩はやっかいな作業です。感染症やアレルギーの心配もあります。そこで、病院や介護施設ではペットロボットが活躍しています。

コミュニケーションロボットの特徴

コミュニケーションロボット

医療・福祉の場（人間の身近な所）で活躍

産業用ロボット

工場（人間と離れた所）で活躍

科学

人間もしくは動物などの形
人間やペットに近いことを行う

←

・人型ロボット…会話に加えて、全身の関節が動き、踊りや体操もできる。
・動物型ロボット…なでることや声かけに反応して、可愛らしいしぐさを見せる。

←

見守り支援・生活支援・接客や受付・セラピー効果

人間とはかけ離れている形
人間の代わりに作業を行う

手順2　コミュニケーションロボットの生活の場での役割を考える。

この課題では、開発が進むコミュニケーションロボットの現状を押さえた上で、生活の中にロボットを取り入れた場合、ロボットがどのような役割を果たし、それによって何が実現できるのか、その可能性を考えていきましょう。

●生活の場での役割

コミュニケーションが取れたり、リラクゼーション効果が期待できたりといった魅力を持つ癒やし系ロボットは、「ペットが飼えない」「一人暮らしがつらい」などの悩みを抱える人たちに福音となることでしょう。しかし、これからのコミュニケーションロボットに期待される役割は癒やし効果だけではありません。

例えば、

・住まいの留守番管理や異常時の通報機能。

・留守番をする子どもや室内の様子を内蔵カメラで撮影して、インターネット経由で遠く離れた家族に映像を送って見守る機能。

・高齢者がベットから落ちそうになったり、起き上がったりした時に、家族や介護者に警告する機能。

・病気を抱える人に、決まった時間に決まった薬の服用を促す服薬管理機能。

生活支援や見守り支援などでは、既に実用化されている機能もありますが、まだまだ実験段階レベルのものもあります。これらの十分な機能が備わったコミュニケーションロボットが一般家庭に普及するようになれば、ロボットとの距離感がいっそう縮まり、少子高齢化時代の人手不足解消につながるものと期待されます。

●介護支援機能を組み込んだロボット

今後は、介護支援にシフトして、コミュニケーション機能と介護機能を組み合わせたロボットの開発が望まれます。コミュニケーションロボットが歩行困難者の移動やトイレ、入浴介助などに活用できると介護者の負担軽減になりますし、利用者の尊厳を守ることにもつながるでしょう。

介護支援の用途を目的とするコミュニケーションロボットには、何よりも「安全性」が求められます。安全であることは、実は高度な機能が必要とされます。安全確保のためには、まず、人間に近い

科学

滑らかな動きが要求されます。居室や病室などでの障害物感知機能や、狭いところで自由に動ける俊敏な動作が不可欠なのです。

手順3 今後のコミュニケーションロボットのあり方について考察する。

●発展途上のロボット機能

コミュニケーションロボットの国内市場は、二〇一八年には三〇万台ほどでしたが二〇三〇年には九〇〇万台に達すると予測されています。（シード・プランニング調査）

今後はますます私たちの暮らしの中で活用され、人間の精神面・生活面を援助する役割を担う存在になると予想されるコミュニケーションロボットです。しかし、技術的にはまだまだ発展途上にあります。例えば、会話機能にしても、今の音声技術では発話中には認識できないために、トランシーバーでのやりとりと同じになってしまい、スムーズに会話するには程遠い状況にあります。

また、現在のロボットはプログラムされた動作を忠実に行うことが基本です。自分で判断することはできませんし、決められたことしか行えませんが、将来的にはロボットに組み合わされた人工知能がより進化することによって、自律性を持つロボットが誕生することでしょう。

●普及には安全性が最優先

かつて、マイクロソフトから学習型人工知能会話ロボット「Ｔａｙ」が発表されましたが、すぐに不適切発言が連発されるようになり、短期間で公開停止になってしまいました。

Ｔａｙは会話をすればするほど学習して、どんどん賢くなり、多くの人を喜ばせるはずでしたが、コンピュータの暴走によって残念な結果となったのです。

ロボットの人工知能のシステムがコンピュータ・ウイルスに侵され、誤作動を起こす可能性もあります。Ｔａｙの失敗例に見られるように、ロボットがいかに高性能となり便利になっても、ロボットに頼りきりになることは避けなければなりません。予測できないトラブルが生じた際に臨機応変に対応する能力は、人間よりはるかに劣っているためです。ロボットに任せきりにすることには大きな危険が伴うことを認識すべきです。

普及のためには価格の点も問題となります。ハイテク機能の詰まったコミュニケーションロボットは、非常に高額なものとなります。それもあって、企業の業務用としての需要に比べ、家庭での需要はあまり多くありません。高齢者や傷病者にやさしいコミュニケーションロボットが一家に一台というように、多くの家庭に普及していくためには、より購入しやすい価格であることが必須条件ですし、故障の際のメンテナンスの容易さも大切になるでしょう。

●生活支援の選択肢の一つ

人間の代わりをしてくれるこれからのコミュニケーションロボットは、人間に自由な時間を提供し、生活をより充実させてくれることでしょう。しかし、ロボットはあくまで生活支援の選択肢の一つです。ロボットに全面的に依存せずに、ロボットと賢く共存していくために、私たちは何をすべきかを考えてみましょう。

手順4　小論文攻略の型に沿って主張をまとめる。

この課題は、三段構成**意見提示型答案**のパターンでまとめましょう。

序　論…コミュニケーションロボットについて、自分の意見を提示する。

コミュニケーションロボットの現状を踏まえ、将来のコミュニケーションロボットのあり方についての主張をまとめます。

⇩　コミュニケーションロボットは、その癒し効果によって医療や介護の場で有用なツールとなっている。今後は、少子高齢化の波の中で、家庭という生活の場での需要が急激に高まってくるものと考える。

本　論…自分の意見に対する理由付けをする。

コミュニケーションロボットが家庭でも重要になってくるという主張を補強する具体例を挙げて説明していきます。

⇩　私の祖母は気管支系の病で、毎日数種類の薬を服用しているのだが、よく忘れてしまうと嘆いている。服用時間になると声掛けしてくれる機能を持つコミュニケーションロボットがあれば、とても役立つはずだ。

結　論…コミュニケーションロボットのあり方を踏まえたまとめ。

ＡＩ技術の進歩とともに、いっそう便利なものとなるであろうコミュニケーションロボットの扱い方に対する考え方をまとめます。

⇩ 超高齢社会の日本では、家庭にあってもコミュニケーションロボットの必要性はいっそう高まるだろう。重要なことはロボットに頼り切る考えを捨てることだ。ロボットはあくまで機械であることを認識し、安全性重視の姿勢が大切だ。

■高校生の答案から

これまでの日本では、ロボットといえば工場で組み立てなどを行う産業用ロボットが中心だった。生産の現場で人間に代わって単調&危険な作業を行うものである。しかし、これからは、課題文にあるような、コミュニケーションロボット中心の時代になる。そして、その使用される場所も、医療や福祉の分野だけでなく、家庭など身近なところで使われるようになってくることが考えられる。

コミュニケーションロボットのような癒し系のロボットが注目される理由には少子高齢化が進む社会背景があると思う。課題文で紹介されたパロのような動物型ロボットは、一人暮らしのお年寄りにはとてもいい遊び相手となるだろう。このロボットをさらに発展させて、健康状態をチェックする機能と通信機能を備えれば、そのデ

・単調&➡**単調な作業や**（&のような記号を使うのは避けます。）

・課題文➡**設問文**（もしくは）**問題文**

・と思う➡（削除。）

・課題文➡**設問文**（もしくは）**問題文**

ータを病院へ送ることも可能となる。また、介護ロボットとしての活用も可能だろう。実際に、高齢者や障害者の歩行を補助したり、リハビリを手伝ったりするするロボットの開発が進んでいるのだという。また、子どもの遊びや勉強の相手をするロボットも考えられる。ロボットを通して、親が職場から子どもの様子を確認したり、会話したりできる機能を持つロボットである。

このように、人間とコミュニケーションができるロボットは、いろいろな場での活用が期待できる。しかし、ロボットに頼ることの危険性も考えることが必要だろう。ロボットは、予想もしない出来事へ対応する能力が人間には及ばないからだ。また、人工知能がいくら進んだといっても、外部からコンピュータ・ウイルスの侵されることもある。

これからのコミュニケーションロボットは、日常の暮らしの中で不可欠なものとなるだろう。しかし、ロボットが人間の代わりとなると思い込んでは間違いだ。ロボットの活用は、あくまでも生活支援の一つと考えるべきものなのだ。

・のだという➡（削除。伝聞での記述は説得力がなくなりますので、可能な限り避けます。）

・できる➡**可能な**（一文の中で同じ言葉の反復は避けます。）

・ウイルスの➡**ウイルスに**

【評　価】（Ａ～Ｅ五段階評価）

〈内容〉
・課題と論点の整合性……………Ａ
・主張の明確さ……………………Ａ
・主張を裏付ける適切な根拠……Ｂ
・論述の客観性……………………Ａ
・論述内容の深さ…………………Ｂ

〈表現〉
・原稿用紙の使い方………………Ａ
・構成の的確さ……………………Ａ
・誤字・脱字・文法の正しさ……Ｂ
・文章表現の適切さ………………Ｂ

【講　評】

◎序論部（第一段落）では、これからの日本のロボット産業の中心が、産業ロボットからコミュニケーションロボットに移りつつある状況を押さえています。さらにコミュニケーションロボットが、家庭などのより身近な場所で活用されるようになるという見通しが述べられており、適切な導入です。

◎本論部（第二段落）では、少子高齢化という社会的背景に関連付けて、コミュニケーションロボットが医療や福祉分野にとどまらず、一般家庭でも必要とされる要素を考察できています。

◎結論部（第三・第四段落）では、高性能のロボットでも頼り切ることは危険なことと、ロボット活用も人間の生活支援の選択肢の一つだとまとめています。全体の流れがスムースで、主張の明確な、完成度の高い小論文と言えるでしょう。

◎答案文中に「課題文」という表現が出てきます。この課題での設問文はペットロボットの背景にも触れた長めの文章となっていますが、あくまでも「設問文」もしくは「問題文」です。「課題文」とは、設問文とは別に、解答がまとめやすいように参考資料として付された文章、もしくは論の方向を導くために付された文章のことです。「課題文」と「設問文」の違いを理解して使い分けるようにしましょう。

科学❷「遺伝子組み換え作物」の功罪

バイオテクノロジー（生物工学、生命工学）は、従来から微生物を利用したチーズや酒などの発酵・醸造技術や、交配による農作物の品種改良など、農林水産業を中心に利用されてきました。一九七〇年代になって遺伝子組み換え技術の進展にともない、環境保全やエネルギー、医療など幅広い分野で研究が進められています。バイオテクノロジーは現代のさまざまな課題を解決する有用な技術と期待されています。

問題

次の課題文を読み、遺伝子組み換え作物の良い面と悪い面をまとめた上で、遺伝子組み換え作物を今後どのように扱うべきか、あなたの考えを八〇〇字以内で書きなさい。

①人類は、数千年にわたって動物を家畜化し、植物を栽培してきました。一八世紀には、「掛け合わせ」によって、動物や植物を品種改良することが盛んになりました。この方法によって、私たちは自分たちにとってより都合のいい生物を選んできたのです。

②一九七〇年代以降になると、遺伝子工学という手法で、私たちは動物、植物、細菌の品種改良をすることができるようになりました。遺伝子工学というのは、ある生物の遺伝子を、無毒化したウイルスに運ばせて、相手方の生物のＤＮＡの中に入れる方法です。やっていることは「掛け合わせ」とたいして違わないのですが、遺伝子工学がこれまでの方法と決定的に違う点は、遺伝子を「種」を超えて導入することができるというところです。

③人間と細菌の「掛け合わせ」はできません。人間の遺伝子を、掛け合わせの方法で細菌のＤＮＡのなかに入れることはできません。ところが、遺伝子工学の方法を使うと、細菌のなかに人間の遺伝子を入れることもできますし、人間のなかに細菌の遺伝子を入れることもできるのです。

④遺伝子工学は、どのような利益を私たちにもたらしてくれるのでしょうか。たとえばイネのＤＮＡのなかに高濃度の農薬に耐えられる遺伝子を入れておきます。そして田んぼに高濃度の農薬を散布すれば、まわりの植物はみな枯死して、イネだけが元気に生育するでしょう。こういうことは掛け合わせでもできますが、掛け合わせでつくるには、希望する遺伝子がイネに入るまで、気長に待たなければなりません。遺伝子工学のやり方のほうがはるかに効率的です。

⑤新しい方法をはじめるときには、かならず人々の反対が起きるものです。アメリカでは、たいへんな費用をかけて遺伝子組み換え作物をつくりました。反対されては困ります。そこで用意周到に、その作物を市場に出す前に「遺伝子組み換え作物は安全である」という大キャンペーンをおこないました。その効果があって、アメリカでは穏やかに遺伝子組み換え作物が受

け入れられました。ところが、それをヨーロッパに輸出しようとしたときに、ヨーロッパの市民団体から猛反対が起こったのです。アメリカ政府は視野が狭かったのですね。

⑥ヨーロッパにおける反対の理由は、「安全であるかどうかはわからない」というものでした。実際、遺伝子組み換え作物については、何が起こるかわからないのです。調べようがないのです。掛け合わせの場合でも、掛け合わせたあとに、害を与える物質が作られるようになったことがありました。そのために、掛け合わせによって、新たな物質は生じないということを調査し、危険を回避しています。（中略）

⑦遺伝子組み換えで心配なのは、その食品を食べることよりも、「遺伝子の浮気」といわれる現象です。さきに述べた、高濃度の農薬に抵抗性をもつ遺伝子が、受粉のときに、何かのはずみで、雑草の雌しべについてうまく受粉してしまったら、どうなるでしょうか。高濃度の農薬に強い雑草の種子がたくさんできて、そこら一面に散らばってしまいます。もし、そんなことになったら、さあ、どうしましょう？

⑧遺伝子組み換えについては、わからないことばかりです。確かなことは、遺伝子組み換え作物は、お金儲けのために考え出された方法だということです。新しい遺伝子を入れた種子を作って特許をとり、しかもその種子は一年しか使えないようにしています。その作物を作る人は、毎年高い種子を買わなければなりません。

⑨塩分濃度の高い土地でも芽を出すような種子を遺伝子工学でつくれば、開発途上国のなか

には助かるところがあるはずだという意見もあります。けれども、貧しい国の人々にはとても買えないほど、種子の値段は高いのです。お金儲けをもくろんでいるのは先進国、特にアメリカなのです。アメリカが世界の食糧事情を支配してしまう——そんな危険を、遺伝子組み換え作物ははらんでいると私には思われてなりません。

（『母なる大地』柳澤桂子　新潮文庫）

＊段落の頭の数字は、形式的に原文に付加したもの。

手順1　設問の要求について、課題文ではどのように述べられているのかをつかむ。

「遺伝子組み換え作物」とは、人間にとってある特定の有用な性質を持つ遺伝子だけを組み込み、害虫に対する耐性を高めたり、特定の栄養成分を多く含ませたりした作物のことです。

すべての生物は遺伝子を持っています。植物ももちろん例外ではなく、作物の色や形、味などの特徴は遺伝子によって決まります。一九世紀以降、遺伝や進化の概念が明らかにされていくにつれ、優れた性質を持つ個体を交配によって意図的に作り出そうとする交雑育種が盛んに行われるようになりました。二〇世紀半ばには、従来の品種改良技術を発展させて、遺伝子組み換え技術が生み出されました。この遺伝子組み換え技術により、より確実で効率的な品種改良が可能になり、従来の品種改良技術では作り出すことが不可能だった新しい有用な性質を持った品種を開発できるようになったのです。

遺伝子組み換え作物は、食糧の増産、栄養不足の改善、作物の病気からの保護、環境問題の緩和など、さまざまな利益を社会や環境にもたらしていますが、一方では自然環境への影響を懸念する声も少なくありません。

以上のことを念頭に置き、課題文の段落ごとに内容をつかんでいきましょう。

【段落のまとめ】

第①段落…人類は、「掛け合わせ」によって動物や植物を品種改良し、自分たちにとってより都合のいい生物を選んできた。

第②段落…一九七〇年代以降、遺伝子工学で動物、植物、細菌の品種改良をすることができるようになった。これまでの方法と違う点は、遺伝子を「種」を超えて導入することができること。

第③段落…人間と細菌の「掛け合わせ」はできないが、遺伝子工学の方法を使うと、細菌のなかに人間の遺伝子を入れることも、人間のなかに細菌の遺伝子を入れることもできる。

第④段落…「掛け合わせ」に比べ、遺伝子工学のやり方のほうがはるかに効率的。

第⑤段落…アメリカで、たいへんな費用をかけて遺伝子組み換え作物をつくり、それをヨーロッパに輸出しようとしたときに、ヨーロッパの市民団体から猛反対が起こった。

第⑥段落…反対の理由は、「安全であるかどうかはわからない」というもの。

第⑦段落…遺伝子組み換えで心配なのは、「遺伝子の浮気」といわれる現象。

第⑧段落…遺伝子組み換え作物は、お金儲けのために考え出された方法だ。新しい遺伝子を入れた種子を作って特許をとり、しかもその種子は一年しか使えないようにしている。その作物を作る人は、毎年高い種子を買わなければならない。

第⑨段落…お金儲けをもくろんでいるのは先進国、特にアメリカ。アメリカが世界の食糧事情を支配してしまう——そんな危険を、遺伝子組み換え作物ははらんでいる。

①②③④⇩動植物の品種改良が遺伝子工学の登場によって、以前より効率的に行われるようになった。

〈効率性ゆえに生じた問題〉

⑤⑥⇩食品としての安全性に疑問。

⑦　⇩「遺伝子の浮気」現象の問題点。

⑧⑨⇩遺伝子組み換え作物が「お金儲け」の手段となっている。

手順2　遺伝子組み換えの良い面・悪い面を考える。

この設問ではまず、遺伝子組み換え作物の良い面とは何か、悪い面とは何かをまとめた上で、それらの両面を踏まえて、遺伝子組み換え作物を今後どのように扱うべきかを考えることが求められています。一般的に科学技術には善悪の両面があります。例えば自動車は非常に便利なもので、人類に大きなメリットをもたらしましたが、一方で交通事故を引き起こし、二酸化炭素や窒素酸化物を排出して、地球温暖化や環境汚染の一因ともなっています。ここでは、世界の食糧問題を頭に置きながら、科学技術の産物、遺伝子組み換え作物の問題を考えていくことになります。

〈遺伝子組み換え作物の良い面〉

課題文では、遺伝子組み換え作物の良い面として、次の二点を挙げています。

・遺伝子を「種」を超えて導入できること
・遺伝子の導入が効率的であること

従来の方法では、子どもを作ることができる作物（動物）どうしでないと掛け合わせをすることができませんでした。また、その掛け合わせ方法では、希望する遺伝子が作物に入るまで何世代にもわたって気長に待つ必要がありました。しかし、遺伝子組み換えのやり方では、短期間で成果を得ることができるのです。

〈遺伝子組み換え作物の悪い面〉

遺伝子組み換え作物の悪い面として、次の点が挙げられています。

・安全性が確かめられていないこと
・「遺伝子の浮気」という現象があること

安全性の問題は従来の掛け合わせでもありましたが、遺伝子組み換えではウイルスを利用することから、ウイルスが思わぬ悪さをする可能性があることです。課題文には遺伝子の浮気の問題として、高濃度の除草剤に耐性を持つ遺伝子組み換え作物が雑草と交雑してしまい、除草剤の効かないスーパー雑草が広がってしまうという危険性のあることが挙げられています。

手順3　設問の意図を踏まえて論述の方向を考える。

●今後の扱い方を、自分なりに考える

小論文において大切なことは、設問の意図に沿ってしっかり答えることです。最初に遺伝子組み換え作物の良い面と悪い面を、課題文をもとに簡潔にまとめます。この指示を忘れるようなことのないよう注意します。

手順2でまとめた、遺伝子組み換え作物の良い面と悪い面をしっかりと踏まえた上で、遺伝子組み換え作物を積極的に利用するのか、それとも慎重に扱うべきと考えるのか、自分の意見を決めることになります。この問題にはどちらかが正解ということはありません。どちらの立場に立つにしても、自分なりの意見をはっきりと言い切ることが大切です。

課題文で示されているのは、遺伝子組み換えを、倫理的に「生命に手を加えることの是非」としてとらえるのではなく、食品としての安全性、「遺伝子の浮気」と呼ばれる現象、そして「お金儲け」の手段になるといった現実的問題です。

「お金儲け」という視点は、科学技術の枠を超えたものであり、高校生のみなさんにはなじまない問題かもしれませんが、遺伝子組み換え作物が必ずしも途上国の食糧不足を解決する手段にはならないという点は押さえておく必要があるでしょう。

注意しなければならないことは、自分の意見を明確に示すことです。「遺伝子組み換え作物には良い面と悪い面があるので、扱い方をしっかりと考える必要がある」などとあいまいな結論で済ませては、小論文として評価されません。

手順4 小論文攻略の型に当てはめて主張をまとめる。

この課題の場合は、三段構成［意見提示型答案］のパターンでまとめましょう。

序　論…遺伝子組み換え作物の良い面・悪い面をまとめる。

まず最初に、設問の要求に沿って、遺伝子組み換え作物の良い面と悪い面を簡潔にまとめます。その上で自分の主張を提示します。

⇩ 課題文によると、遺伝子組み換え作物の良い面は、「種」を越えて遺伝子を導入できることと、その導入が効率的なことである。一方、悪い面は、安全性が確かめられていないことと、「遺伝子の浮気」という現象があることである。

本　論…提示した自分の主張を具体例を挙げて説明する。

遺伝子組み換え作物を積極的に利用するのか、それとも慎重に扱うのか、あなたのスタンスをはっきりさせて、理由付けをしていきます。

⇩ 私は遺伝子組み換え作物の利用には、きわめて慎重な態度が必要だと考える。食料は安全性こそが最も大切だと考えるからだ。それに遺伝子工学で開発された種には特許があり、途上国の人々が利用することができないほど高額なのだ。

結　論…本論を受け、全体をまとめる。

遺伝子組み換え作物利用に正解はありませんが、前段で述べたあなたの主張のスタンスに迷いがあってはいけません。

⇩　以上のように遺伝子組み換え作物には問題点が多い。何よりも途上国の将来を考えると、利益追求の遺伝子組み換え作物ではなく、品種改良に手間がかかっても、その土地・環境に合ったやりかたで行うのが最上の方法だと私は考える。

■高校生の答案から

遺伝子組み換え作物のよい面は、育てたい作物のDNAに高濃度の農薬に耐えられる遺伝子を入れることで、まわりの植物だけが枯死し、育てたい作物だけが生育するので、作業の効率化できるという面である。逆に悪い面は、何が起こるかわからず、少しでも遺伝子が間違って組み合うと、大きな事故が起きてしまうという面、それから、お金儲けのために考え出されたという面である。

私は、遺伝子組み換え作物を扱うことに反対である。確かに遺伝子組み換えをすることで作物は効率よく育てることができる。しかし、自分たちにとって都合がいいからといって遺伝子組み換えを行うのは間違っている。それは遺伝子組み換えは安全であるかどうかわからないからだ。何が起きるかわからないことを行うというのは、

・育てたい作物の……➡（これは遺伝子工学がもたらす利益の具体例です。まとめや要約の場合はカットしましょう。）

・逆に➡（削除。）

・お金儲けの……➡（この点については、技術的なデメリットとは分けてとらえる必要があります。たとえ遺伝子組換え作物の安全性が技術的に確保できたとしても、この問題によって世界の食糧事情の改善にはつながらない、という点を押さえておきましょう。）

科学

とても危険な行為である。しかも、掛け合わせの方法と違って、安全性を調べることもできない。これほど危険なものを今後扱っていくというのは考えられない。さらに、遺伝子組み換え作物は、お金儲けのために考え出された方法でもある。だから、もし開発途上国で利用できるような種子を作ったとしても、値段が高いため買うことはできない。このように、遺伝子組み換えのよい面も、悪い面によって消されてしまっている。今後遺伝子組み換え作物は、安全性を確かめ、お金儲けに使わずに扱うべきだ。お金儲けに遺伝子組み換え作物を使うことで、世界の食糧事情を支配することはとても危険なことである。それは、一つの国が、自分達の国の利益を上げたいために、世界中に影響を与えることになるのだ。そうすると、現在でさえ作物がまともに栽培できない国などは、さらに食糧事情が悪化してしまう可能性が大きい。作物が十分に栽培できている国でも、遺伝子組み換えによって何か事故が起きたとしたら、多くの作物は食糧ではなくなってしまう。そのようなことを考え、私は今後、遺伝子組み換え作物を扱ってはならないと考える。

・今後遺伝子組換え作物は……⬇
（この表現だと、お金儲けを目的としなければ扱ってもよいということになってしまい、遺伝子組換え作物を扱うことに反対という主張と矛盾します。目的にかかわらず扱うべきではないと、主張を一貫させましょう。）

【評　価】（A～E五段階評価）

〈内容〉
・課題と論点の整合性……………A
・主張の明確さ……………A
・主張を裏付ける適切な根拠…B
・論述の客観性……………A
・論述内容の深さ……………B

〈表現〉
・原稿用紙の使い方……………A
・構成の的確さ……………C
・誤字・脱字・文法の正しさ…A
・文章表現の適切さ……………C

【講　評】

◎段落が二つですが、八〇〇字の小論文の場合は、序論・本論・結論を意識して三～四段落で構成するようにします。

◎序論部（第一段落）では、遺伝子組み換え作物の良い面として、遺伝子を「種」を超えて効率的に導入できること、悪い面として、危険回避のチャンスが少なく、何が起こるか分からないことと「遺伝子の浮気」と言われる現象であることを的確にまとめましょう。

◎本論部（第二段落）冒頭で自分の立場を明確にしている点は良いのですが、一八行目「今後遺伝子……扱うべきだ」部分はその主張内容とずれてしまっています。全体が一貫した主張となるようにします。

◎一八行目「今後遺伝子組み換え作物は」以下を改行し、結論部（第三段落）としましょう。

十　志望理由

大学入試における「文章を書く」課題は、「作文」「小論文」「志望理由書」「自己アピール文」などいろいろあります。どのような形であれ、大学側にはその課題を受験生に課す目的があります。入学を志望する受験生としては、大学が求めるものに適切に応えていかなければなりません。ここでは「志望理由書」と「自己アピール文」を取り上げ、合格に向けてどのように書いていけば良いのかを考えていきましょう。

志望理由❶「志望理由書」を攻略する

大学入試での志望理由書は、この大学でこういうことを学びたいという意欲をアピールするものです。総合型選抜や学校推薦型選抜を受験する際には、必ずといってよいほど提出が求められます。一般的な小論文試験とは異なり、試験場で作成するものではなく、あらかじめ作成し志願書とともに提出するものです。

この志望理由書は、書類による一次選考のメインの判断材料となります。また、その後の面接試験にも使用されて、合否に大きく影響しますから心して作成に当たらなければなりません。

●自分自身を知る契機に

自分の将来については、誰もが幼い頃からさまざまな夢を描いてきたことだろうと思います。しかし、その夢は人に語られることなく、胸の内で温めてきたという人が大部分ではないでしょうか。多くの人にとってこの志望理由書が、第三者に自分の夢を語る初めての経験となるはずです。

他者に自分を分かってもらうことは、これからの人生においていろいろな場面で必要となります。大学受験に際して志望理由書を書く目的は、志望先の大学に自分の考えをアピールすることにありますが、それを書くことはとりもなおさず自分で自分を知り、将来の自分について考える機会でもあります。受験という人生の節目にあたり、自分ときちんと向き合うためにも、志望理由書は有効なものと言えるでしょう。

問題

あなたが志望する学部・学科を決めた理由は何か。将来への展望にも触れながら、八〇〇字以内で書きなさい。

手順1　大学が志望理由書を課す理由を理解する。

●受験生の意欲と適性を見る

大学が受験生に志望理由書を課す理由は何でしょうか。

第一には、受験生の可能性や将来性を測る材料としての活用です。大学側には目的意識の高い学生を集めたいという考えがあります。当該の受験生の意欲、つまり、どのような目的を持ち、どのように学びたいと思って入学を希望しているのかを知るには、志望理由書は格好の判断材料となるのです。

第二には、大学・学部・学科とその受験生との相性・適性を見るためです。昨今は偏差値によって受験大学や学部・学科を選択する傾向が見られます。例えば、成績の優秀な生徒が難関とされる医学部を志望するのはよく見られることですし、周囲から強く勧められることもあるでしょう。しかし、偏差値が十分合格可能圏内にあるとしても、弱者への思いやりに欠ける人間が医師となって、病気やけがで苦しむ患者を診るようになったらどうでしょうか。高みからものを言い、患者に寄り添うことのできない医師の存在は、進路選択の際に適性に欠ける選択をした結果なのだと言えるでしょう。進路選択を誤るケースは医学系に限らず、他の学部・学科でもしばしば指摘されるところです。大学側も、そういったミスをなくすべく、志望理由書を材料として適性や相性を確かめていこうとしているのです。

手順2　**志望理由をまとめるための必要な材料を集める。**

この課題では、次の三点を通して志望理由を明確に説明することが求められています。

志望理由書の内容

・あなたが、学部・学科（専攻）を決めたきっかけは何か。　⇩志望の理由
・あなたはこの大学に入学し、何をしたいと考えているのか。　⇩専攻分野への思い
・あなたは卒業後に社会に出て、何をしたいと考えているのか。　⇩将来の展望

志望理由書を書くには、現在のあなたの頭の中にあることをもとにまとめようとしても勝負になりません。あらかじめ必要な材料を用意する必要があります。以下のような作業を通して材料をそろえるようにすると、まとめる際に役立つでしょう。

①自分の志望する進路に関する本（新書）を一冊読んでみる。

ここでいう「新書」とは新刊書のことではなく、本の大きさでいうところの「新書判」のことです。主にノンフィクションのジャンルを扱っており、多くの出版社から「〇〇新書」として発行されています。書店の新書コーナーで、自分の進路分野に関係したものを、まず一冊選んで読んでみましょう。その分野の現在の状況や問題点が分かります。そこで興味が湧いたら二冊、三冊と深掘りしてみましょう。

②自分が将来の目標としている職業の人に話を聞いてみる。

自分が憧れている職業はとかくカッコよく見えるものです。実際にその仕事に携わっている人の話は、良い点も悪い点も含めてあなたの夢に確かなイメージを与えてくれるでしょう。また、その人がどのような努力をして夢を実らせたのかという話を聞くことができれば、とても参考になるはずです。

③最近のニュースの中で、自分の進路と関係のあるものはメモしておく。

志望理由書の中で時事的な話題に触れることができれば、広く社会に目配りのできる受験生として大いに大学側へのアピールになります。自分の進路に関する話題について、新聞ならば切り抜きをするようにします。テレビならばメモをとるようにしましょう。

④志望する大学について、パンフレットやホームページを参考に調べる。

志望大学のパンフレットを読み込むことやインターネットで調べることはとても大切です。志望学部・学科のカリキュラムや注目される教授陣、その研究内容について調べておきましょう。他大学にはない特徴などについてもチェックしておきます。

志望理由書では、当該大学のどういうところに魅力を感じたのかを具体的にまとめる必要があります。志望大学についての情報が薄いと、その大学に入りたいというあなたの熱意が伝わりません。自分の専攻したい学部・学科の特徴と将来自分のやりたいことが結びつくことを積極的にアピールできる情報を集めましょう。

⑤オープンキャンパスで情報を収集し、志望動機に生かす。

オープンキャンパスは大学の雰囲気を肌で感じられるイベントですし、大学の先輩や教授の話を直接聞けるよい機会です。先輩から聞くことのできる教授の話題や学内の情報などで、パンフレットでは気づけない魅力を発見できる場合もあります。オープンキャンパスを積極的に活用してみましょう。

⑥志望する大学の卒業生の進路分野（就職先）を調べる。

志望する大学の卒業生がどういう分野のどういう企業へ就職しているのかを調べておきましょう。自分の志望する学部・学科がどのような分野につながっているのかがストレートにイメージできます。そして、卒業後につきたいと考えている仕事の場での一〇年後の自分の姿を想像してみましょう。一〇年後というと二七歳か二八歳になっていますね。後輩も入社してきて、先輩として指導しながらバリバリ仕事をする姿が浮かんでくるでしょうか。その職業は、大学での学びとつながり、あなたの夢を具現したものとなっているでしょうか。

右に記した①②③は志望理由書を書く際、学部・学科の決定理由に関わってきますし、④⑤は学びたい学問分野に対する思いに、⑥は将来の展望に関わる情報が得られます。

手順3 夢につながる道としての大学での学びを考えてみよう。

手順2での作業を踏まえて夢としての自分の将来像を描き、それを実現するために志望する学部・学科で何を学び、何をするべきかを考えてみましょう。

●経験をもとに自己分析を

あなたが将来つきたい仕事は決まっていますか。その仕事につきたいと考えた理由は何でしょう。面白そうだから？　カッコいいから？　お金持ちになれそうだから？

そう考えたことがたとえ事実だとしても、そのような抽象的な印象を志望理由として書くことはマイナスでこそあれ、アピールポイントにはなりません。

目指す職業を決めたきっかけは、例えば、高校時代の部活動やボランティア活動で経験したこととか、普段の生活の中で知り得た人の影響とかの例を挙げて、そこでの出会いや経験を通して考えた結果だと伝えるようにします。自己分析をしっかり行って、その仕事につきたいという自分の思いを具体的に示すようにしましょう。

●その大学で学びたいことを

あなたは、その大学・学部・学科で何を学びたいと思っているのでしょうか。志望理由書ではここが最も大切なポイントとなります。

志望理由書で失敗するパターンは、「職業」の志望理由書になってしまっているケースです。志望する職業に触れることも大切ですが、大学側が最も知りたいのは、「この大学を志望する理由」です。当該大学に関しての志望の理由があいまいでは、その大学への関心度を疑われて、「それでは、他の大学でもいいのでは」と思われてしまいます。

例えば、手順2の情報収集で得たシラバス（○○教授の一年間の講義要項）への興味や、○○教授の研究内容への関心など、学びたいことについてポイントを絞って具体的に書くようにします。学びたいと考えたことを述べるだけでなく、その根拠を具体的に示すことは説得力のある志望理由書のために重要なことです。その上で、この大学での学びが、将来の自分の職業ややりたいことにどのようにつながるかを述べるようにします。

ここで述べることがどこの大学でもできるような内容ではなく、志望する大学の特徴をしっかりと押さえて記述できていれば、大学側の高い評価を得ることができるでしょう。

手順4 小論文攻略の型に合わせて志望理由書を書く。

志望理由書では、大学側に自分をアピールすることが大切です。何より好印象を与えることを意識して、自分の熱意と、その根拠を示していきましょう。ポイントは、次の3点です。

・物事への関心度

・自分の意欲

・将来の自分に結びつける

志望理由書も小論文と同じように、**意見提示型答案**のパターンでまとめましょう。「序論（志望内容）⇩本論（志望の理由）⇩結論（将来の展望）」の流れになります。

序　論…志望する学部・学科名、志望するきっかけを説明する。

まず、結論として目指す学部・学科名をはっきりと示すことが必要です。その上でなぜ志望するようになったのか、そのきっかけとなったことを説明していきます。

⇩　私の夢は小学校の教師です。その夢をかなえるため、貴学の教育学部への進学を希望しています。私が小学生の時、授業に入る前に担任の先生がいつもちょっとした話をしてくれていました。わずかな時間でしたが、それがとても夢を膨らませてくれたのです。

本　論…大学で学びたいことを具体的に書きます。

大学で学ぶことについて材料を集め、自分なりに理解した上で、これからの自分の将来、社会の将来、現在の問題点などを絡ませながらまとめるようにします。

⇩

大学では子どもを取り巻く環境の現状を学ぶとともに、心理学・社会学的な面からも教育を学びたいと考えています。また実習やボランティア活動を通して、教師としてのコミュニケーション能力を高めることを目指します。

結論…この大学で学ぶことが最適であるということに結びつけてまとめる。

志望先の教育内容が自分のやりたいことを実現させてくれることを強調し、自分のこだわりをアピールします。

⇩

接し方ひとつで子どもは変わります。教師は、子どもたちへの影響が非常に大きい立場だからこそ、子どもの考え方や感じ方を知るための能力を貴学で高めて将来に生かしていきたいと考えています。

●書くときのポイント

・志望動機・学問的興味・将来の進路が一貫しているように注意します。
・入学後の専攻したい分野は一つに絞り、学ぶ内容の羅列は避けます。
・新聞や本の内容を丸写ししないように。あいまいな知識は使わないようにします。
・大学でなくてもできることを志望理由に挙げないようにします。
・建学の精神や施設、校風などに触れるときは追従とならないように注意します。

・志望理由書は受験大学に合わせて作成するようにします。他大学への使い回し、模範例の写しはいけません。

●書き終わったら

・第三者に読んでもらいましょう。人により評価の観点は異なりますので、何人もの人に読んでもらうことは混乱のもとになります。信頼のおける方一人に委ねましょう。
・必ずコピーをとってから提出しましょう。面接の準備の時に必要となります。

■高校生の答案から

私は、貴学の教育学部子ども学科を志望する。大学では、幼児の発達過程や乳幼児期のこと、また、保護者の方々とどのようにコミュニケーションを取っていくのか学びたい。

そう考えるようになったきっかけは、以前から人と関わる仕事につきたいと考えていた。中学二年生で行われた職場体験で保育園を希望し、保育園に行った。そこで感じた事はどの先生も笑顔で元気がよく、イキイキとしていた。園児の年齢幅が広い中で一人ひとりと関わり、その子に合った触れ合い方をしているのにとても感心した。またクラスの掲示物や掃除、保護者へのおたよりなど積極的に

・きっかけは➡（結び〈述語〉がありません。）
・以前から…いた。➡（削除。）
・中学二年生で➡**中学二年次に**
・保育園を希望し、➡（削除。）
・行った➡**行ったことである**
・感じた事➡（削除。）
・おたより➡**お便り帳作成**

楽しそうにやっている姿に憧れを頂き始めた。そこで感じたのは子どもが好きという気持ちだけでなく何事も積極的に取り組む姿勢や、コミュニケーション能力、人と上手に関わっていく人間性だ。幼児をお迎えにくる保護者は母だけでなく父、おば・おじといったさまざまな人が来る。そういった中でも、今日の出来事を話したりし、上手にコミュニケーションを取っていくのが保育士にとって重要な事だと思った。保育士は幼児とだけ触れ合うだけでなく保護者の方との信頼関係も大切になってくる。

貴学に入学したら、保育士、幼稚園教論、ベビーマッサージの資格を取得したい。ベビーマッサージとは、赤ちゃんと直接触れ合い、足や体のマッサージをしコミュニケーションを取っていくものである。気づけないことや保護者とゆっくり話す事ができ、お互いに理解し合える場を作る事ができる。現場実習は、保育園二回、幼稚園二回、施設一回と計五回で組まれている。そこで保育士や保護者の生の声を聞き、これからの現場実習や就職に生かすことができる。在学中にはボランティア活動に積極的に参加をし、たくさん子どもたちと触れ合っていきたい。幼児や乳幼児期の発達過程や保護者と

・頂き➡**抱き**
・感じたのは➡**必要だと感じたのは**
・お迎え➡**迎え**（敬語を遣う必要はありません。）
・母だけでなく父➡**母親だけでなく父親**
・おば・おじ➡**祖母・祖父**（祖母・祖父が自然でしょう。）
・話したりし➡**話し**
・事➡**こと**（以下同様に。）
・幼児とだけ➡**幼児と**
・保護者の方➡**保護者**
・教論➡**教諭**
・気づけないこと➡**外見からわからないことに気づくこと**

のコミュニケーションを正確に学び、頼りにされるような保育士になりたいと考える。

【評　価】（A～E五段階評価）

〈内容〉
・課題と論点の整合性………A
・主張の明確さ…………A
・主張を裏付ける適切な根拠…A
・論述の客観性…………B
・論述内容の深さ………B

〈表現〉
・原稿用紙の使い方…………A
・構成の的確さ…………B
・誤字・脱字・文法の正しさ…C
・文章表現の適切さ…………C

【講　評】

◎序論部では、志望学部・学科を明示し、大学で何を学びたいのかを述べることができています。志望するきっかけについては、次の本論部で述べられていますが、序論部に持ってきたほうがバランス的にも良いでしょう。

◎本論部では、中学校の職場体験で保育園に行ったこと、そこで触れ合った先生方に刺激を受けて、あなたが保育士になりたいと思ったことがよく分かります。また、経験を通して、子どもたちとともに家族とのコミュニケーションを取ることの大切さを学んだことをしっかり論述することができています。自分の具体的な体験を通して、どのように成長したのかをアピールすることはとてもよいことです。

◎結論部では、志望大学の実習予定など、カリキュラムを調べていることがよく分かります。さらに、あなたが大学で学んだことを、社会でどう役立てていくかを示すようにしてまとめとしましょう。

◎ケアレスミスと思われる誤字が散見されます。志望理由書に誤字を残したまま提出することは大学側にマイナスの印象を与え、致命傷になりかねません。しっかり見直しをするようにしましょう。

◎「事」という形式名詞が数か所で使われています。漢字表記でも間違いではありませんが、読みやすさを考えて平仮名で表記するようにしましょう。

◎むだな表現のダブりに気をつけましょう。

「保育園を希望し、保育園に行った」「幼児とだけ触れ合うだけでなく」

志望理由❷「自己アピール文」を攻略する

自己アピール文は、志望する大学に自分の良さをアピールするものです。自分の長所を説明することで、自分がどのような人間かを大学側に伝えます。したがって、自分の魅力を具体的に伝えることが大切です。大学は、特別な才能や際立った個性を持つ学生を集めたいのではありません。自己アピール文によって、あなたが自分自身をどれだけ客観的にとらえているか、すなわち自己相対化できているか、そしてそれを論理的に説明できるかどうかを知りたいと考えています。

問　題

あなたが他者にアピールできる長所にはどのようなものがありますか。具体的に八〇〇字以内で書きなさい。

自己アピール文では、次の二つの要素を述べることが必要です。

・自分の長所　　・それを長所と考える理由

自分の長所を挙げて、その理由を具体的に説明することで、志望する大学に自分の意欲をアピールしていきます。気をつけなければならないことは自慢話にならないことです。高校生の書く自己アピール文で、時折り「私の自慢できる点は……」というフレーズを見受けますが、感心しません。自慢話で気持ちよい思いをするのは本人だけです。他人の自慢話を聞いて快く思う人はいません。それはあなたの自己アピール文を読む大学の先生方もまた同様です。

例えば、自分の得意なことで賞を取った、全国大会に出た、などの経験はもちろんアピールに値することです。ただし、自己アピール文では「どのような人間か」を中心に述べていくことが求められます。つまり、大会に出た、賞を取ったという結果ではなく、そうした結果を残せたのはなぜかという点を説明していくことが大切なのです。

手順1　自分のアピールできる点（長所）を考える。

まず、自分で長所だと思うことを一〇項目ほど箇条書きにしてみましょう。自分の長所というのは、意外と分かりにくいし書きにくいものです。長所が一〇項目も思い浮かばないという場合には、家族や友人に聞いてみるのもいいでしょう。自分の性格、勉強、スポーツのほか、習い事や趣味で一生懸命に取り組んでいるものを挙げてみましょう。

特別なことでなくてもかまいません。かつてプロ野球の西武ライオンズで活躍し、大リーグのマリナーズへ移籍した菊池雄星投手は、高校時代の三年間を通して野球部のトイレ掃除を自分に課していました。普段の生活の中で、一つのことをやり続けることが自分を成長させると信じて実行したのだそうです。あなたにも、同じように日常の生活の中で心がけていることなどがあれば、それも挙げてみましょう。

（例）・他人の悪口を言わないこと。　・何事にもあきらめずに取り組んでいくこと。

それでも自分の長所一〇項目にはなかなか届かないという人もいるかもしれませんね。その場合には、自分の短所を考えてみましょう。短所も見方を変えれば長所になります。

・内気（短所）　⇩控えめ（長所）　・短気（短所）　⇩　行動が早い（長所）
・行動が遅い（短所）　⇩慎重（長所）　・自己中（短所）　⇩　自分を持っている（長所）
・のんびり（短所）　⇩穏やか（長所）　・おしゃべり（短所）　⇩　活発・明るい（長所）

自己アピール文では、与えられる字数はそう多くありません。あれもこれもと詰め込むと、読み手に「結局どういう人物なのか」が明確に伝わりにくくなって、逆効果の結果をもたらしかねません。自分の長所を通して、他者に自分がどういう人間かを説明するのだということを考えて、箇条書きにした長所の中からインパクトが強いと思われるものを一つ選びましょう。

手順2 長所だと言える理由を説明する。

単に「自分では長所だと思っている」というだけでは、読み手を納得させることはできません。自分の勝手な思い込みだと評価されてしまいます。読み手を納得させられるように、自分の実生活での具体的な出来事を挙げて説明しましょう。長所を裏づけるような体験、あるいは、なぜそれが長所であると気づいたのかなどのエピソードをもとに、分かりやすく説明していくことが必要です。出来事や体験はなるべく最近のこと、高校生活の中でのものを取り上げるようにしましょう。

手順3 長所を将来の進路と関連させて自己アピールする。

自分の長所を大学入学後や卒業後の展望につないでいくようにしましょう。高校・大学と経験を積んだ後に、どのような人間となることを目指しているのかなど、自分の長所を目標としている職業に関連付けて述べられれば、大学によりアピールすることができます。

締めくくりでは、明確な意思表示をして終わるようにしましょう。

○「この自分の長所を生かして将来の進路を切り開いていきたい。」

○「今後もこの活動を通し、いろいろな人との輪を広げていきたいと考えている。」

また、結論部分ではあいまいな表現を用いてはいけません。

×「このまま続けていけるかどうか分からないが、……」

×「自慢するほどのことでもないが、……」

手順4 小論文攻略の型に合わせて「自己アピール文」をまとめる。

自己アピール文も、三段構成の**意見提示型答案**のパターンでまとめていきます。「序論（自分の長所）⇩本論（長所と考える理由）⇩結論（将来の展望）」の流れです。

序　論…自分の長所を挙げる。

他者に対して説得力のあるアピールポイントを一つ提示します。単なる自慢話や自己満足にならないよう注意することが大切です。

⇩　私の長所は、性格が明るく、前向きであることだ。失敗してもめげることなく、次にはなんとか頑張ろうという気持ちになれるのだ。あきらめずに頑張ればどうにかなるというのは、小学校時代に植え付けられた私の信念でもある。

本　論…長所と考える理由を具体的に説明する。

読み手を納得させるために、自分の長所が生かされた具体的な経験を取り上げて説明します。説得力を持たせるためには論理的な説明が大切です。

⇩　小学三年の体育の時間に逆上がりの授業があった。運動オンチの私はどうしてもできなかった。それを友達の一人がタオルを使って一生懸命教えてくれた。……この時の経験で、あきらめないで頑張るということが身についたように思う。

結論…長所と自分の将来像を結びつけてまとめる。

将来の仕事や大学での学業に、自分の長所をどのように生かし、役立てていくかをまとめて、自分の意欲をアピールします。

⇩

私の夢は教師となって、子どもたちを教えることだ。教師への道は厳しいし、大変な仕事だと思うが、「あきらめずに前向きに考えていけば、道は開ける」ということを教えられる教師を目指して大学生活を送りたいと考えている。

■高校生の答案から

私は現在、部活動内での役割として「監査」という役割を受け持っている。監査とは、チーム全体に欠けている所がある場合、チームがよりよい方向に向かうために呼びかけをすることが主たる仕事だ。この経験の中で感じたことだが、共同作業などのグループ行動で、常にまわりを見ながら、全員を良い方向に向かわせるための力を発揮できることが私の持ち味だと思う。

例えば、グループにまとまりや思いやりがないと、どうしても一

・の役割として⬇（削除。）

・思いやり⬇**互いへの思いやり**

つになって同じことを行うのは難しい。誰か数名だけがやる気があって、その他はそうでないなどの温度差が生じてしまうのもよろしくない。そういう中で一つにしていく為に必要なことは、みんなを巻き込んで一緒にやっていこうということだと思う。人によって考え方や性格は違う。そこで私は一人ひとりに対してのコミュニケーションのしかたを変えるように意識している。そのことによって、それぞれが思っていることも聞きやすくなり、話し合いの場でも意見が出やすくなる。そうすると更なる向上につながるケースが多くなる。無理矢理一つになれとか言うのではなく、私自身から発信して、みんなでまとまれるようにと考えている。もちろん、課題はある。時折りグループ内で弱気になってしまい、自ら率直な考えを言い出せないことだ。そういうことでは社会に出て、いい印象を持たれないだろう。なので、改善する必要があると思うし、逆に積極的に中に入っていけるように気をつける。

グループ行動という、人と人がつながる場の中で、自分が持つ特徴を出していける自信はある。思いやる気持ちや人の気持ちに気づけることは、今もこれから先も忘れずに意識していく。そして、誰

・やる気があって➡**やる気があっても**
・よろしくない➡**よくない**
・為➡**ため**
・やっていこうという➡**やっていこうという気にさせる**
・しかた➡**仕方**
・課題はある➡**私自身にも課題はある**
・なので…気をつける➡**したがって、積極的に中に入っていけるよう改善すべきだと考えている**
・自分が持つ特徴➡**私自身が持つ特長**

からも信頼されるために私の課題を克服し、これからはより自分から発信すること、他人から受信することを意識して取り組む。

・他人➡他者
・取り組む➡取り組みたいと考えている

【評　価】（A～E五段階評価）

〈内容〉
・課題と論点の整合性…………A
・主張の明確さ…………A
・主張を裏付ける適切な根拠……B
・論述の客観性…………A
・論述内容の深さ…………C

〈表現〉
・原稿用紙の使い方…………A
・構成の的確さ…………A
・誤字・脱字・文法の正しさ……B
・文章表現の適切さ…………B

【講　評】

◎序論部では、「監査」という立場でリーダーシップを発揮し、周りを見ながら人を引っ張り、よい結果に導くというあなたの特長を示すことができています。

◎本論部は、そのあなたの持ち味を部活動内でどのように発揮したのかを語るパートです。あなたの考えが述べられていますが、体験という具体的なエピソードに基づいた説明でないために説得力に欠けます。具体例を出して説明するようにしましょう。

◎結論部では、あなたの積極的な姿勢を示すことができています。さらに、今後の大学や社会であなたの長所をどのように生かしていきたいのか、具体的に述べるようにしてみましょう。

いざ、解答用紙に向かったら

一　表現のルールを確認する

みなさんの書く小論文の読み手は、言うまでもなく入試の採点者、つまり大学の先生です。したがって、その表現の仕方も家族や友人など、親しい人への文章とはおのずから異なります。第三者に向けての文章として誤解を与えることのないように適切な表現を用いなければなりません。

いよいよ小論文答案の作成という最終段階に当たり、どのような点に注意して原稿用紙に向かうべきかの確認です。表現のルールを守っているかどうかをチェックし、自分の主張を正しく大学側に伝えるようにしましょう。

①文の乱れに注意する。

●主語と述語の対応に注意

主語（誰が、何が）と述語（どうした、どうだ）の関係は、文の骨格となる大切なものです。この主語と述語がきちんと対応していないと、いわゆる文意の通らない文章になってしまいます。高校生の書いた小論文からいくつかの例を見てみましょう。

〈例文 a〉×「言語を使いこなす」とは、正しくコミュニケーションをとることが必要である。

例文 a では、「『言語を使いこなす』とは」が主部、「必要である」が述部ですが、正しく対応していません。主部の「言語を使いこなすとは」は、この後「言語を使いこなす」ことの意味合いを説明しようとしているわけですから、述部は「（とは、）…必要である」ではなく、「（…とは、）…することである」とするのが適当でしょう。

⇩○「言語を使いこなす」とは、（他者と）正しくコミュニケーションをとることである。

⇩○「言語を使いこなす」とは、（他者と）正しくコミュニケーションがとれることである。

〈例文b〉×水が七割を占めるこの地球には、飲み水はほんのわずかしかなく、世界全体でみると、水不足で困っているというのが現状である。

例文bでは「この地球には」が主部、「現状である」が述部ですが、ここでの「である」は「断定の助動詞『だ』の連用形『で』＋補助動詞『ある』」です。補助動詞の「ある」には本来の「存在する」意はありませんから、意味は「地球には、…現状だ。」となり、文意が通りません。主部と述部が正しく対応していないのです。

主部「この地球には」では場所を表す格助詞「に」が用いられていますから、述部は「がある」（格助詞「が」＋動詞「ある」）として、「地球」に存在する水の状況を説明していきます。

⇩○水が七割を占めるこの地球には、……水不足で困っているという現状がある。

「水が豊富にあるはずのこの地球には、実は飲用になる水がわずかしかなく、みんな困っている」という、地球の水の実情を説明する文となります。この場合の書き手の視点は「地球」にあると言えるでしょう。

一方、例文bの述部「現状である」の方を生かした場合の訂正は、「水がたっぷりとある地球」と「飲み水が少ない」という対照的な内容ですので、主部の「には」に代えて接続助詞「が」を使ってみましょう。

⇩○水が七割を占めるこの地球だが、……水不足で困っているというのが現状である。

逆接の接続助詞「が」を用いると、「水がたっぷりとある地球だ」という前半部と、「多くの人が水不足で困っている」という後半部との対照がはっきりした文となります。この場合の書き手の視点は「水不足」にあります。

この例文の書き手は「地球」と「水不足」のどちらに視点を置いて記述したのでしょうか。自分の意図を正しく読み手に伝えるためには、主語・述語の対応を意識して文を綴るようにしなければなりません。

●主語と述語は一文の中で完結

日本語の文章は、一文一文が文章中で孤立しているわけではなく、前後の文とつながりながら意味を成しています。そのような中で主語が省略されることが多いことも日本語の特徴なのですが、小論文においては一文の中で主語と述語が完結するように心がけましょう。次の例文は、一文中に述語の見当たらない文です。

〈例文c〉 ×こう考えるようになったきっかけは、以前から人と関わる仕事につきたいと考えていた。中学二年生で行われた職場体験で保育園を希望し、保育園に行った。

例文cの主部は「きっかけは」ですが、結びの述部が見当たりません。おそらくは、二つ目の文に見える「保育園に行った」ことがきっかけとなったと言いたかったのでしょう。ここでは、次のように訂正してみましょう。

⇩○こう考えるようになったきっかけは、中学二年次に行われた職場体験で保育園に行ったことである。私は以前から人と関わる仕事につきたいと考えていた。

ここに挙げた例文abcのように、高校生の書く文章には主語・述語の対応していないものがよく見られます。これでは、書き手の意図するものが正確に読み手に伝わりません。特に、自分の主張を提示する際の文章の場合には注意するようにしましょう。

②「呼応の副詞」を適切に使う。

「呼応の副詞」とは文末に、ある決まった表現を要求する副詞のことで、陳述の副詞と言う場合もあります。例えば、「まるで」という副詞に対しては「ような」といった比喩を表す助動詞がセットになって、「まるで人形のような花嫁さん」のように使われます。「まるで」は「ような」と互いに受け答えしているので「呼応の副詞」と呼ばれます。しかし、呼応の副詞を用いながらそれを受ける語のない文章が少なくありません。

〈例文a〉×ぜひ甲子園に応援に行く。　⇩○ぜひ甲子園に応援に行きたい。

「ぜひ」という副詞は文末に「たい」という願望の表現がこなければなりませんが、例文aのような呼応表現のない文に出会うと、読み手としては非常に違和感を抱いてしまうものです。

〈例文b〉×全然だいじょうぶ。　⇩○全然問題ない。

例文b「全然だいじょうぶ」は「まったく問題ない」の意で使われた表現ですが、「全然」という副詞は「ない」という打消しの表現と呼応しますから、「全然だいじょうぶ」のような肯定表現となることはありません。

これらの呼応の副詞は、特に文末との距離が長い場合などに受ける表現を忘れがちですから注意します。普段から呼応する言い方と合わせて覚えるようにしておきましょう。

覚えておきたい呼応表現

・決して・全然・少しも……ない（打消し）
・たぶん・おそらく……だろう（推量）
・どうか・どうぞ……してください（願望）
・まさか・よもや……まい・ないだろう（打消し推量）
・もし・たとえ・仮に……たら・ても（仮定）
・ぜひ……たい（願望）
・たとえ・仮に……ても・たら（仮定）
・なぜ・どうして……か（疑問）
・まるで……ような（比喩）

③修飾・被修飾の関係を明らかにする。

分かりやすい文章を書く上で大切なことに、修飾語と被修飾語の位置関係があります。「修飾語」はほかの文節を説明する文節ですし、「被修飾語」とは修飾語によって説明される文節のことですが、修飾語の順序次第で文の意味があいまいになってしまうことがあります。文意を明確にするためには次の二点を心がけましょう。

・**修飾語と被修飾語の距離を近くする。**
・**強調したい修飾語や長い修飾語、時や場所を表す修飾語は先に書く。**

例えば、次の例文を見てみましょう。

〈**例文a**〉×お母さんはとても二人の子を愛情深く育てた。
⇩○お母さんは二人の子をとても愛情深く育てた。

例文aでは「とても」が修飾語ですが、修飾する「愛情深く」と離れているため、不自然な文になっています。被修飾語の直前に置くようにすると分かりやすくなることが理解できるでしょう。

〈例文b〉×厚くて古い机の上にある本を借りてきた。

⇩○机の上にある厚くて古い本を借りてきた。

例文bのままでは、厚くて古いのは机なのか本なのかが分かりませんが、長い修飾語は先に書くという原則に従って、「机の上にある」を前に置けば、それは本なのだと文意が明瞭になります。

④指示語が指すものを明らかにする。

指示語には「これ」「それ」「あれ」「どれ」などの語があることから「こそあど言葉」とも言われます。短い言葉で対象を指し示す便利な言葉ですが、使い方を誤ると何を指し示すのかが分からず意味が通じないこともあります。文章を読み返してみて、意味が分かりにくいなと感じたときは、指示語に誤りがないか確認してみましょう。

×彼女の歌を聞き、みんなが拍手をした。私はそれを聞き、感動した。

⇩○彼女の歌を聞き、みんなが拍手をした。私もその歌を聞き、感動した。

この例文の「それ」が指し示すものが彼女の「歌」なのか、それともみんなの「拍手」なのかが明確ではありません。指示語は抽象的であることから、このようにどの語を指し示しているのか読み手に伝わりづらいことがありますが、指し示す語を補足して適切に使うと、文章が分かりやすくスッキリします。

⑤表現の重なりに注意する。

同じ意味の表現の重なりに注意しましょう。同じ意味の言葉を繰り返したものを「重複表現」と言います。

「馬から落馬する」がよく知られていますが、「一番最後」や「違和感を感じる」「被害をこうむる」「返事を返す」などの表現は、つい使ってしまいがちです。最近は外来語と組み合わせた「思いがけないハプニング」などの例も見られます。また「存亡の危機」も二重表現だとして、「存亡の機」もしくは「存続の危機」と表現すべきと指摘する人もいますが、文化庁では、「『存亡の危機』は広く使われており、誤用とするのは難しい」としています（二〇一六年）。現在では一般に用いられている慣用表現として考えてよいでしょう。日本語として必ずしも過ちとはいえない重複表現もありますが、小論文としては避けたほうが無難な表現です。

注意したい重複表現例

×後で後悔する　⇩　○後で悔やむ・後悔する
×加工を加える　⇩　○加工する
×過信しすぎる　⇩　○過信する
×過半数を超える　⇩　○過半数に達する
×車に乗車する　⇩　○車に乗る・乗車する
×就職につく　⇩　○職につく・就職する
×返事を返す　⇩　○返事をする・返答する
×被害をこうむる　⇩　○被害を受ける・損害をこうむる
×いまだに未完成　⇩　○いまだに完成しない・今も未完成

×一番最後　⇩　○一番あと・最後
×あらかじめ予定する　⇩　○予定する
×必ず必要　⇩　○必要
×元旦の朝　⇩　○元旦
×最後の結末　⇩　○結末
×すべて一任する　⇩　○一任する

×違和感を感じる　⇩　○違和感を覚える・違和感を抱く・違和を感じる
×思いがけないハプニング　⇩　○思いがけない出来事

なお、いわゆる「重複表現」とは異なりますが、高校生の書く文章には次の例のような同一語の繰り返しがよくみられます。一文の中に同じ表現がダブっているととてもうるさく感じます。どちらかの表現をカットするようにしましょう。

×中学二年次に行われた職場体験で保育園を希望し、保育園に行った。
⇩○中学二年次に行われた職場体験で保育園に行った。
×保育士は幼児とだけ触れ合うだけでなく保護者の信頼関係も大切になってくる。
⇩○保育士は幼児と触れ合うだけでなく保護者との信頼関係も大切になってくる。
×部活動内での役割として「監査」という役割を受け持っている。
⇩○部活動内で「監査」という役割を受け持っている。
×フリーターの方が気楽で自由なので正社員よりも気楽だ。
⇩○フリーターの方が自由なので正社員よりも気楽だ。

⑥読点を適切に使う。

読点（、）は文の意味の切れ目にあることで区切りが明確になり、誤読を防ぐ効果があります。読点の打ち方ひとつで文意がまったく変わってしまうケースもありますので、適切に使わなければなりません。

×友人は笑顔で近づく私に手を振った。

この例文には読点が用いられていません。そのため、笑顔なのは友人ともとれますし、私ともとれ、文意が定かではありません。次の二つの文は、それぞれ読点の位置によって、笑顔なのは友人なのか、私なのか変わります。

⇩○友人は、笑顔で近づく私に手を振った。（私が笑顔）

⇩○友人は笑顔で、近づく私に手を振った。（友人が笑顔）

このように、誤読の危険性を排除するためには読点はとても有効な働きをするのですが、その読点も多過ぎると読みにくい文章となってしまいます。次の例文における傍線部の読点は削除したほうがよいと思われるものです。

　別れる時に相手の掌に、つばをはく国がある。その国では「あなたに幸福がありますように。」という意味であるが、こんなこと日本でしたら、間違いなく嫌われてしまうだろう。逆に、日本ではお祝いに時計を贈ったりすることがあるが、中国で時計は、「死」という意味を持っているため、間違えても贈ってはならない。このように、自国では普通であることも、他国では悪い意味でとられることもあるので、注意しなければならない。

　もちろん、留学や旅行などで、他国に行くときは、前もって……

読点をどこに打つのかの明確な基準はありませんが、先に記したように基本は「意味の切れ目」と「誤読されやすいところ」に打つようにします。「意味の切れ目」は「呼吸のタイミング」でもあります。普段から、文章作成の際には繰り返し読んでみて、自分なりの文章のリズムを工夫してみましょう。

⑦文章は常体と敬体を交ぜない。

文末を「だ・である」で終わる書き方を「常体」、「です・ます」で終わる書き方を「敬体」と言います。それぞれの文体の印象から、敬体は丁寧で柔らかい感じがしますし、常体は断定的で堅い感じになります。

小論文は論理性を追求する文章ですから常体で綴(つづ)ります。一方、志望理由書、自己アピール文の場合は常体・敬体のどちらでもかまいませんが、両者を混在させてはいけません。

×私は数学が苦手だが、テストで良い成績を取ることができました。

⇩○私は数学が苦手だが、テストで良い成績を取ることができた。

⑧一人称は「私」を使う。

小論文における一人称は、男性であっても女性であっても「私」を使用します。しばしば「自分」という表記を見受けますが、小論文で使用してはいけません。特に部活動で運動部に所属している方は注意しましょう。「僕」「俺」「あたし」もいけません。

使用を避けるのは、あくまでも一人称の場合です。文中で「自分自身」の意で使用する「自分」は問題ありません。

なお、一人称ではありませんが、自分の家族などの身内を表記する際には「お母さん」「おばあちゃん」などのようには書かずに、「母」「祖母」のように書きます。また、女性のクラスメートなどの友人を指して「(その)子」という表現も避けるようにしましょう。

⑨口語的な表現を使わず、書き言葉を使う。

友人どうしで交換するメールやブログでくだけた表現を使うことが多いせいなのか、小論文でも「ため口」のような口語的表現がしばしば見受けられます。入試でテストされているのだということを忘れずに、丁寧な「書き言葉」を使うようにしましょう。

使用を避けたい話し言葉例

×いつもは ⇩ ○普段は
×買ってもいいけど ⇩ ○買ってもいいが
×ごちゃまぜにして ⇩ ○一緒にして
×すごく ⇩ ○とても
×そんな ⇩ ○そのような
×ちょっと ⇩ ○少し
×でも ⇩ ○しかし
×…といったこと ⇩ ○…ということ
×いろんな ⇩ ○いろいろな
×けど ⇩ ○けれど
×自己中 ⇩ ○自己中心的
×それじゃあ ⇩ ○それでは
×誰だって ⇩ ○誰でも
×ですが ⇩ ○しかし
×なので ⇩ ○したがって

最近、「なので」を文頭において接続詞のような使い方をしている文をよく見ます。語の成り立ちから言うと、「なので」の「な」は断定の助動詞「だ」の連体形です。助動詞「だ」は、「だろ／だっ・で／だ／な／なら／○」と活用します。助動詞は付属語ですから、独立して用いられることはありません。したがって、「なので」を接続語のように文頭で用いてはいけないのです。もちろん、文中において「…なので」という場合の使用は問題ありません。

⑩ **「ら抜き言葉」に注意する。**

「ら抜き言葉」とは、本来「食べら|れる」「見ら|れる」「寝ら|れる」のように表記すべき言葉を「食べれる」「見れる」「寝れる」と「ら」が抜け落ちた形で表記する言葉を言います。

文化庁が発表した「国語に関する世論調査」(二〇一五年)によると、ら抜き言葉を使う人が多数派になったとあります。テレビを見ていてもタレントの発言などではら抜き言葉が普通に使われています。しかし、その発言がテロップで流れるのを見ると、「ら」が入った形で表記されています。話し言葉としてはともかく、書き言葉としては、ら抜き言葉はまだ市民権を得ていないということなのです。

ら抜き言葉を嫌う人も少なくありません。日本語として美しくない、言葉の乱れだ、と言う人もいます。年齢が高いほどその傾向にあるようです。みなさんの答案を採点する大学の先生方は年輩の方が多いことを考えれば、ら抜き言葉は使わないほうが良いということになります。

ら抜き言葉の問題は、「受身・可能・自発・尊敬」の意味を持つ助動詞「れる」「られる」が、それぞれ何活用の動詞に接続するかという問題です。「れる」と「られる」は意味はまったく同じなのですが、接続する動詞の活用の種類が異なっているのです。

・「られる」…「上一段／下一段／カ変」の動詞に接続する。
・「れる」…「五段／サ変」の動詞に接続する。

この接続の仕方を覚えておけば問題ないのですが、上接する動詞の活用の種類が何活用なのか見分けられないという場合は、ら抜き言葉が問題になるのは「可能」の働きのときですから、「れる」「られる」という助動詞を使わずに「食べることができる・できない」のように書き換えてしまってもよいでしょう。

言葉は時代とともに変わっていくものですから、五〇年後になるのか一〇〇年後になるのか分かりませんが、いずれら抜き言葉も市民権を得て文法書が書き換えられるときが来るでしょう。それまでは、書き言葉としてのら抜き言葉の使用は避けるようにしましょう。

⑪タラちゃん言葉の「です」はやめる。

書き言葉としては避けたいものとして、もう一つ「タラちゃん言葉」を挙げておきましょう。タラちゃん言葉とは、マンガ『ザザエさん』に登場する小さな男の子「タラちゃん」の言葉遣いのことです。「行ってくるデス」「お帰りなさいデス」など、幼児語とはいえ、タラちゃんは一風変わった「です」の使い方をしています。高校生の書いた小論文にも、しばしばおかしな「です」が見受けられます。

×これからも頑張っていきたいです。

これは志望理由書や自己アピール文で、最後の結びとしてよく目にするフレーズです。「今までの経験を生かして、これからの人生を頑張ります」という決意ですから何の問題もなさそうですが、これがタラちゃん言葉の「です」として問題視されるのです。いったい何が問題なのでしょうか。

「です」は、助動詞「だ」の丁寧表現です。この「です」は原則として、「体言や形容動詞語幹、一部の助詞に接続」します。

○ここは私の学校です。（体言に接続）

○星空がとてもきれいです。（形容動詞語幹に接続）

この二つの例文の「です」が接続する傍線部は、原則通りそれぞれ体言と形容動詞語幹です。ところが、先に挙げた例文「これからも頑張っていきたいです」の「いきたい」は「動詞『いく』の連用形『いき』＋助動詞『たい』（願望）」ですから、「です」の接続原則に違反しています。このような例はほかにもあります。

×昨日のコンサートはよかったです。（「形容詞『よい』＋助動詞『た』」に接続）

×花がとても美しいです。（形容詞「美しい」に接続）

×そんなことをしてはいけないです。（可能動詞「いける」＋助動詞「ない」に接続）

これらの「いきたいです」「よかったです」「美しいです」「いけないです」などの言い回しは、近年とみに多くなってきたように思われますが、口語、つまり話し言葉としてのみ使用が許されると考えるべき言葉なのです。

では、文法的知識がない場合、これらの言い回しを使って良いのか悪いのかを見分けるにはどうすればよいのでしょうか。

「です」の使用可否の見分け方

「です」を「だ」に置き換えてみる。

・日本語の表現として自然　⇩　使用可

・日本語の表現として不自然　⇩　使用不可

小論文作成に際して迷ったときには、「です」を普通形の「だ」に置き換えてみましょう。

・ここは私の学校です。　⇩　○ここは私の学校だ。

・星空がとてもきれいです。　⇩　○星空がとてもきれいだ。

このように接続が原則に則っている場合は、「です」を「だ」に換えても違和感なく文意が通ります。この場合の「です」は正しい使用法となります。

・これからも頑張っていきたいです。⇩ ×これからも頑張っていきたいだ。
・昨日のコンサートは良かったです。⇩ ×昨日のコンサートは良かっただ。
・花がとても美しいです。⇩ ×花がとても美しいだ。
・そんなことをしてはいけないです。⇩ ×そんなことをしてはいけないだ。

接続が原則と異なるこちらの文例の場合は、「だ」に置き換えると日本語としておかしいことは一目でお分かりでしょう。このように「だ」に置き換えて違和感のある「です」は使用しないようにします。「です」は丁寧語です。せっかく丁寧に書いたつもりの表現なのに、おかしな表現となってしまったのでは元も子もありません。タラちゃん言葉の「です」には、くれぐれも気をつけましょう。なお、志望理由書からの例文「これからも頑張っていきたいです。」を修正するならば、「これからも頑張っていきたい」もしくは「これからも頑張っていきたいと思います」としましょう。小論文の場合とは違い、志望理由書や自己アピール文では主観的な表現である「思う」の使用も問題ありません。

⑫一文を短くする。

一文の長さに決まりはありません。文は、接続助詞や読点を使うとどんどん長くすることが可能です。世の中には一文が二〇〇字、三〇〇字という長い文を書いて「文章の達人」などと称される人もいます。しかし、一文が長いと文章はとても読みにくくなります。随筆などの場合はそれも一つの特徴となるかもしれませんが、論理を追求する小論文ではお勧めできません。

小論文では一文は六〇字くらいを限度として書くようにします。一般の原稿用紙は二〇字詰めですから、三行を目安として書くようにすると良いでしょう。短い文を重ねることで、歯切れのよい小論文を目指しましょう。

×生活習慣病は脂質の多い食事をしたり、お菓子ばかり食べたりと偏った食生活が関係しているが、他にも、運動不足であったりストレスであったりと原因は多種多様であるが、ここでは食生活に注目して考えてみよう。

⇩○生活習慣病は脂質の多い食事をしたり、お菓子ばかり食べたりと偏った食生活が関係している。他にも、運動不足であったりストレスであったりと原因は多種多様である。ここでは食生活に注目して考えてみよう。

⑬指定字数の九割執筆を目指す。

答案の執筆の字数も採点対象という大学もあります。ある大学の例ですが、小論文答案を「タイトル」「内容性」「論理能力」「文章表現能力」「漢字や仮名遣い」の五項目にわたって一〇〇点満点で採点し、その上で、執筆字数によって最大マイナス一二点の減点法が採られています。その大学は六〇〇字以内という指定字数でした。

六〇〇～五八一字⇩減点〇　　五八〇～五六一字⇩三点減　　五六〇～五四一字⇩六点減

五四〇～五二一字⇩九点減　　五二〇字以下⇩一二点減

一般に、小論文は指定字数の九割以上を書くようにと指導されます。しかし、この大学では九割の字数（六〇〇字の場合は五四〇字）でもマイナス九点となりますから、ちょっと厳し過ぎるようにも思えます。

このような大学もありますが、大部分の大学では指定字数の九割のマス目を埋めているのでしたらまず問題はないと考えてよいでしょう。書き始める前に、例えば「六〇〇字以内」という指定字数の場合には、九割に当たる「五四〇字」のマス目を鉛筆でチェックしておきましょう。「ここまでは絶対に書くぞ」と、埋めるべき答案スペースを視覚化しておくようにします。九割のマス目を埋めることを自らの努力目標とし、可能ならば原稿用紙の最終行（先ほどの大学の場合の減点ゼロの行）まで書きたいものです。

なお、字数オーバーは多くの場合減点の対象となりますので、指定字数を超えないように気をつけます。

⑭誤字に注意する。

漢字は日本語表現を豊かにするために不可欠な知識ですが、最近はパソコンやスマホなどの普及によって手書きの機会が減少し、以前より漢字力が身につきにくい状況となっているようです。小論文答案でも誤字が目につきます。

漢字は意味や成り立ちを理解していると、その漢字を使った熟語などの知識が広がっていきます。覚える際にその漢字の意味を考えずに、単に記号として覚えていると記憶に定着しないものです。

間違えやすい漢字の代表格に「しめすへん（ネ）」と「ころもへん（衣）」の漢字があります。「しめすへん」の元々の漢字は「示」です。これは何を表しているかというと、神様への捧げものを置いたテーブルです。ですから、しめすへんの漢字は「神」を始めとして「社」「祈」「福」「礼」「祝」「禍」「禅」など、すべて神様や仏様が関係するものばかりです。一方「ころもへん」は元々の漢字も「衣」そのままです。ころもへんの漢字も「袖」「襟」「裾」「褌（ふんどし）」「袴（はかま）」「裃（かみしも）」など、着るものを連想させる字ばかりです。こうしてみると、部首の意味や漢字の成り立ちを知っていることで誤字が少なくなることに納得できるでしょう。

小論文には、単一の客観的な正解はありません。採点に当たり、各大学ではできる限り公平に採点すべく、細かい採点基準を設けています。それでも採点者の印象に委ねられる要素は少なくありません。そう考えると、答案の誤字は大きなマイナスとなってしまいます。とりわけ、小学時代に学ぶ教育漢字を間違っていては、採点者の印象を悪くしてしまうということに納得でしょう。

例えば「友達」の「達」は、「土」と「羊」に、「しんにゅう」で構成されます。ところが「幸」と書かれて、「羊」部分の横棒が一本少なくなっているケースがしばしば見受けられます。「達」は小学校の四年次に学ぶ漢字です。その漢字を間違う受験生を積極的に入学させたいと思う大学の先生はいないでしょう。

間違えやすい漢字例

×異和感⇩○違和感	×価値感⇩○価値観	×看者⇩○患者	×完壁⇩○完璧
×虐対⇩○虐待	×狐独⇩○孤独	×最少限⇩○最小限	×散慢⇩○散漫
×拠置⇩○処置	×成積⇩○成績	×絶体⇩○絶対	×専問⇩○専門
×対拠⇩○対処	×単々と⇩○淡々と	×特微⇩○特徴	×粉争⇩○紛争
×不可決⇩○不可欠	×幣害⇩○弊害	×訪門⇩○訪問	×嬉ぶ⇩○喜ぶ
×言葉使い⇩○言葉遣い	×例を上げる⇩○例を挙げる		

二　原稿用紙のルールを確認する

小論文の答案は原稿用紙を用いて作成することになります。原稿用紙のルールは小学校や中学校でも学び、すでに理解しているはずなのですが、現実の答案には間違った使用例が数多く見受けられます。ルールが守られていないと減点されてしまうこともありますので、注意が必要です。基本的な原稿用紙の使い方をチェックしていきましょう。

①文章の書き始めや改行した段落冒頭は一字下げる。

文章の書き始めと段落を変えた最初の行は一マス目を空けるのが原則です。カギカッコで書き始める場合も一マス目を空けて、二マス目にカギカッコを書きます。

インターネットの情報記事やブログなどでは字下げのない頭ぞろえの文章が多いことに影響されてか、小論文答案でも字下げをしていないものが少なくありません。段落分けの改行もせずに、六〇〇字、八〇〇字の答案全文が一段落というケースもあります。それでは構成意識がないとして減点はまぬがれません。くどいようですが、文章の書き出しと改行した段落の初めは必ず一マス空けることが鉄則です。

②句読点、カギやカッコは一マス当てる。

一つのマス目には、原則として一文字を記入します。句点（。）や読点（、）、カギ「　」やカッコ（　）などの記号も、それぞれ一マスを当てます。

しかし、句読点や閉じるカギ・閉じるカッコが次の行の頭にきた場合には、行頭のマスには書きません。前の行の最後のマス内に、そこの文字といっしょに書くようにします。

また、会話文などで句点と閉じるカギが続く場合は同じマスに入れますが、カギカッコ内の終わりの句点は必ずしも必要ではありません。答案内で統一がとれていれば、この句点は省略してもかまいません。

拗音（や・ゆ・よ）や促音（つ）も、文字は小さいですが、必ず一マスを当てます。この拗音・促音は行頭にきてもそのままにします。

なお、課題文型小論文での要約問題の場合は注意が必要です。右に記した原稿用紙の使い方は適用されないのです。要約文の冒頭の一字下げは必要ありませんし、内容が変わった場合でも改行しません。行頭に句読点や閉じるカギ、閉じるカッコがきてもそのままにします。つまり、最初のマス目からすべてのマス目を一文字、一つの記号で埋めていきます。要約の場合の解答マス目は字数を数えるためのものだと心得ておきましょう。

③数字は、縦書きの場合は漢数字を、横書きの場合は算用数字を用いる。

数字は、縦書きの答案の場合は漢数字を使用します。単位語（十・百・千・万など）をどう扱うかは明確なルールはありませんが、読みやすさの点から千以下の単位語を省略して「二六九万六〇〇〇人」のように書くのが一般的です。また、西暦には単位語を使わず、「二〇二一年」のように表記します。

なお、新聞などの印刷物で、縦組みであっても一桁や二桁の数字の場合は算用数字を用いているケースがありますが、小論文の答案ではまねをしないようにしましょう。

横書きの小論文の場合は算用数字を使うのが原則ですが、熟語の場合（「逐一」「一般」「五里霧中」「二十四節気」など）や漢数字のほうがふさわしい表現の場合（「一番」「三傑」「七色」「二十歳」など）は、横書きであっても漢数字を使用します。

二桁以上の算用数字の場合は一マスに二文字入れますが、三桁や五桁の場合は尻合わせにして、例えば「567」の場合は「5」で一マス使い、「67」で二つ目のマスを使うようにします。

④アルファベットの略称や英単語の場合。

アルファベットでの略称（「ＹＭＣＡ」「ＥＬＴ」など）は、縦書きで一マスに一文字入れます。英単語や英文の場合は横書きにして、大文字は一マスに一文字、小文字は一マスに二文字入れ、単語と単語の間は半マス空けます。

⑤単位記号の場合。

「ｍ・ℓ・ｇ・％」などの単位記号は、横書きの場合は単位記号のまま、縦書きの場合はカタカナで書くのが原則です。

課題文型小論文で、課題文から引用する場合は筆者が用いている表記にしたがって書くようにしましょう。

⑥会話文、引用文、書名の場合。

会話文や引用文、特別な意味を持たせたい語句などは「　」でくくります。当該語句が何度も繰り返されるときは、最初の語句のみをくくればよいでしょう。

書名を示すときは二重カギカッコ『　』を使います。

⑦その他の記号。

「？」「！」「……」「――」などは、もともと日本語にはなかった記号です。小論文では使わないようにしましょう。

⑧誤字・脱字の訂正の場合。

誤字や脱字、修正したい箇所を正す場合は、きれいに消して書き直すのがベストですが、時間がないときには二重線で消したり、挿入の印を入れたりして、横に書き改めるようにしてもよいでしょう。

皆藤俊司（かいとう・しゅんじ）
1971年國學院大學文学部卒。大学受験生対象の受験雑誌編集（旺文社）、高等学校国語教科書の編集（桐原書店）に36年間携わる。その後、その経験を生かして、日本全国の高校生・国語教師を対象に講演活動を行い、学習法や指導法を発信し続けている。著書に『古文攻略　助動詞がわかれば古文は読める！』『古文攻略　敬語がわかれば古文は完璧！』など。

型と手順で攻略する
合格のための小論文教室——添削実例付——

2021年8月25日　第1刷発行

編著者　皆藤俊司
発行者　稲葉義之
印刷所　株式会社シナノパブリッシングプレス

発行所　株式会社**小径社** Shokeisha Inc.
〒350-1103　埼玉県川越市霞ケ関東5-27-17　TEL 049-237-2788
http://www.shokeisha.com/

ISBN　978-4-905350-14-9